Analytische Psychologie
ZEITSCHRIFT FÜR
PSYCHOTHERAPIE UND PSYCHOANALYSE

Analytical Psychology
Journal for Psychotherapy and Psychoanalysis

Heft 142, 36. Jg., 4/2005

Redaktion
Elisabeth Adametz, Berlin; Ursula Bez Bühler, Maschwanden;
Gustav Bovensiepen (verantw.), Köln; Claus Braun, Berlin;
Marco Della Chiesa, Zürich; Eckhard Frick, München; Anneliese
Guerin, Stuttgart; Reiner Hajek, Stuttgart; Eberhard Jung, Berlin;
Waltraut Körner, Volketswil; Roman Lesmeister, Hamburg;
Michael Lindner, Berlin; Lilian Otscheret-Tschebiner, München;
Monika Schnell, Berlin; Anne Springer, Berlin;
Matthias von der Tann, London

Herausgeberin und Herausgeber
Gustav Bovensiepen, Köln; Hans Dieckmann†, Berlin;
Verena Kast, St. Gallen; Hans-Joachim Wilke, Berlin

Wissenschaftlicher Beirat
Brigitte Allain-Dupré, Paris; Anne Alvarez, London;
Kathrin Asper, Meilen; Gerda Bertram, Bremen;
Joseph Cambray, Boston; Gustav Dreifuss, Haifa; Brian Feldman,
Palo Alto; Roland Huber, München; Mario Jacoby, Zollikon;
Donald E. Kalsched, New York; Jean Knox, London; Christiane Lutz,
Stuttgart; Guido Mattanza, Zürich; Renos Papadopoulos, London;
Alfred Plaut, Berlin; Luigia Poli, Florenz; Hester Solomon, London;
Murray Stein, Wilmette; Viviane Thibaudier, Meudon;
Beverley Zabriskie, New York; Luigi Zoja, Mailand

Brandes & Apsel Verlag

Analytische Psychologie (AP)
Zeitschrift für Psychotherapie und Psychoanalyse
Analytical Psychology (AP)
Journal for Psychotherapy and Psychoanalysis

Heft 142, 36. Jg., 4/2005 (Erscheinungsweise: vierteljährlich)
ISSN 0301-3006 / ISBN 3-86099-942-7 (Heft 142)
Die Deutsche Bibliothek – CIP-Einheitsaufnahme:
Ein Titeldatensatz für diese Publikation ist bei *Der Deutschen Bibliothek* erhältlich.
Die Zeitschrift wird indiziert von PsycINFO (USA) und PSYNDEX (D)

Redaktionsadresse:
Gustav Bovensiepen, Dieringhauser Str. 21, D-51109 Köln
E-Mail: gustav.bovensiepen@koeln.de

Abonnementverwaltung:
Brandes & Apsel Verlag, Scheidswaldstr. 33, D-60385 Frankfurt a. M.
Fax 069/95730187, E-Mail: brandes-apsel@doodees.de
www.brandes-apsel-verlag.de

1. Auflage 2005
© 2005 by Brandes & Apsel Verlag GmbH
Jede Verwertung bedarf der vorherigen schriftlichen Zustimmung der Redaktion und des Verlages. Das gilt insbesondere für Nachdrucke, Bearbeitungen, Übersetzungen, Mikroverfilmungen und die Einspeicherung und Verarbeitung in allen Arten von elektronischen und optischen Systemen sowie bei der öffentlichen Wiedergabe durch Hörfunk-, Fernsehsendungen und Multimedia, insbesondere auch bei der Bereithaltung in einer Online-Datenbank und im Internet zur Nutzung durch Dritte.
Namentlich gekennzeichnete Beiträge geben nicht in jedem Fall die Meinung der Redaktion und des Verlages wieder.
Covergestaltung: Petra Sartowski, MDDigitale, Maintal
Druck: Tiskarna Ljubljana d.d., Ljubljana. Printed in Slovenia.
Gedruckt auf säurefreiem, alterungsbeständigem und chlorfrei gebleichtem Papier

ISSN 0301-3006
ISBN 3-86099-942-7 (Heft 142)

Heft 142
Poesie des Selbst
Poetry of the Self

Inhalt

Editorial   316

Gerhard Oberlin
**Der Mann ohne Schatten:
Szenario eines Seelenverlusts**
Adelbert von Chamissos *Peter Schlemihl*   319

Elisabeth Grözinger
**Der Tutzinger Gedichtkreis von
Marie Luise von Kaschnitz – ein poetisches Mandala**   343

Anneliese Guerin
»Ich will in das Grenzenlose zu mir zurück...«   377
Gedanken aus der Sicht der Analytischen
Psychologie zur Dichterin Else Lasker-Schüler

Elisabeth Adametz
Sterben, Tod und der Wert eines guten Abschieds
De- und reintegrative Prozesse
des Selbst am Lebensende und in Trennungssituationen   399

Buchbesprechungen   410

Vorschau   418

Editorial

Poesie des Selbst – hier stock' ich schon! Meint doch der Begriff der Poesie ein Zweifaches: nämlich das Verfertigen, die Schöpfung von Dichtung, aber auch den dichterischen Stimmungsgehalt. Auch das Selbst ist uns als ein zweifaches geläufig: als das seiner selbst bewusste Ich wurde das Selbst durch die Philosophie des deutschen Idealismus als reflexive Instanz eingeführt, ist bei uns aber seit C. G. Jung nicht nur als intellektuelles Konstrukt in Gebrauch, sondern vielmehr wichtig als archetypisches Bild des vollständigen Potentials eines Menschen und der Einheit seiner Persönlichkeit. Entsprechend bildet die poetische Symbolik des Selbst einen Schwerpunkt in den Beiträgen des vorliegenden Heftes. »Geh mit der Kunst in deine allereigenste Enge. Und setze dich frei«, sagte Paul Celan in seiner berühmten Büchner-Preisrede. Bei Else Lasker-Schüler lesen wir: »Ich will in das Grenzenlose zu mir zurück.« Hier klingt eine Dialektik des Selbst an, das sich entgrenzende Selbst, welches sich im Allereigensten findet. Poesie des Selbst mag etwas Spielerisches freisetzen und das begriffliche Denken zum Tanzen bringen. Sehr bemerkenswert schreibt Goethe an Schiller: »Die Poesie ist doch eigentlich auf die Darstellung des empirisch pathologischen Zustandes des Menschen gegründet.« Im Kommentar zum Briefwechsel erfahren wir, dass hier mit »pathologisch« »leidend« gemeint sei, nicht aber das Krankhafte. Wir entdecken somit in der ganz unzeitgemäßen Tugend der Leidensfähigkeit einen Schlüssel zur Poesie. Die Poesie kann ans Herz sprechen, meint Goethe, höher kann sie zur Leidenschaft sprechen, aber das höchste ist, wenn sie an die Imagination spricht. In diesem Sinne, so wünschen wir uns, mögen die Beiträge dieses Heftes die imaginativen Kräfte unserer Leser anregen. Die Poesie – um noch einmal Goethe das Wort zu geben – hat sehr große Vorteile vor allen übrigen Sprachweisen, denn sie kann sich eines jeden Bildes, eines jeden Verhältnisses nach ihrer Art und Bequemlichkeit bedienen. Sie deutet auf die Geheimnisse der Natur und sucht sie durchs Bild zu lösen. Und: Was der poetische Geist erzeugt, muss von einem poetischen Gemüt empfangen werden.
Das Heft enthält drei sorgfältige Studien über Dichtung (E. Lasker-Schüler, M. L. Kaschnitz, A. v. Chamisso) und einen – poetischen – psychoanalytischen Beitrag von E. Adametz.
Else Lasker-Schüler, um mit ihr zu beginnen, »die größte Lyrikerin, die Deutschland je hatte« (G. Benn), hat ein Leben lang für das Lebensrecht der Phantasie eingestanden, sie hat mit ihrer Poesie, wie Anneliese Guerin eindrucksvoll aufzeigt, den imaginativen Reichtum der jüdischen Kultur in Deutschland gegen wachsende antisemitische Barbarei bewahrt und le-

EDITORIAL

bendig erhalten. Beschämt angesichts ihrer erschütternden Bedrängnis verneigen wir uns vor dem Lebensschicksal dieser großen Dichterin. Marie Luise von Kaschnitz hat – nach der Katastrophe – 1951 in ihrem »Tutzinger Gedichtkreis« die poetische Debatte um Gott neu eröffnet. Wozu Dichtung? Im Anfang war das Wort und nicht das Geschwätz, sagte Gottfried Benn. Elisabeth Grözinger deutet den »Tutzinger Gedichtkreis« erhellend als ein Mandala aus Worten. M. L. Kaschnitz ringt um die poetische Konstituierung eines Selbst, das Licht und Finsternis in sich birgt, die nationalsozialistische Barbarei also nicht schlicht (oder schlecht) metaphysisch überhöhen will.

»Peter Schlemihl«, Chamissos Geschichte vom Mann, der seinen Schatten verkauft, ist naturgemäß für die Analytische Psychologie anregend. Gerhard Oberlin fasst die Erzählung als »Szenario eines Seelenverlustes« auf, indem er die Selbstpsychologie C. G. Jungs zu entsprechenden Konzepten von Heinz Kohut in Beziehung setzt. Wenn Chamisso – in Oberlins Worten – schildert, wie menschliche Selbstwertung (Selbstachtung) und ökonomischer Sach- bzw. Funktionswert sich wechselseitig bedingen, ist damit etwas sehr Aktuelles zur heutigen Zeit von Massenarbeitslosigkeit und Globalisierung gesagt.

Elisabeth Adametz hat mit »Sterben, Tod und der Wert eines guten Abschieds« einen Text von anrührender poetischer Qualität vorgelegt. Sehr plausibel verwebt sie eine Darstellung von M. Fordhams entwicklungspsychologischer Selbstkonzeption mit der eindrücklichen Schilderung vom Sterben ihrer Mutter. Der Text atmet eine große Ruhe, die sich auf den Leser überträgt. Diese Ruhe speist sich aus der besonderen Anwesenheit der Autorin beim Sterbeprozess der eigenen Mutter. Es ist dies eine Anwesenheit, die Raum gibt für den Abschied der Mutter, für deren Weggang ins Alleinsein. E. Adametz zeigt anschließend auf, wie wichtig es für unsere analytische Arbeit ist, am Stundenende und am Ende der Analyse gut Abschied nehmen zu können. Sie plädiert theoretisch reflektiert für eine analytische Haltung, die dem jeweils individuellen Abschied ausreichend Bedeutung und Zeit gibt. Es erschien uns folgerichtig, diesen Beitrag von E. Adametz, der das Selbst als Ort lebendiger de- und reintegrativer Prozesse schildert, im Heft »Poesie des Selbst« zu drucken. Der angekündigte 2. Teil des Beitrags von Heuer erscheint in Heft 1/2006.

Michael Lindner, Berlin

Abstract

Gerhard Oberlin
Der Mann ohne Schatten: Szenario eines Seelenverlusts
Adelbert von Chamissos *Peter Schlemihl*

Adelbert von Chamisso gelingt es in seiner Erzählung *Peter Schlemihls wundersame Geschichte* (1814), das melancholische Syndrom in ein psychologisches Modell zu giessen, das ätiologische Ableitungen in den soziokulturellen Bereich hinein auf die Umwertungsdynamik der ökonomischen Prozesse zur Zeit der frühen Industrialisierung erlaubt. Erstaunlicherweise impliziert dieses Modell bereits einen Begriff des Selbst, wie er erst über 100 Jahre später mit Carl Gustav Jung zur Verfügung stand. Insbesondere nimmt es den tiefenpsychologischen »Schatten«-Begriff vorweg, wie er dann bei Jung für das persönliche und kollektive Unbewusste steht. Zum vollen Verständnis seiner Dynamik verlangt dieses Modell nach einer Selbst-Psychologie, die erst die Kohut'sche Konzeptualisierung hervorbrachte.

Schlüsselwörter: Peter Schlemihl, Adelbert von Chamisso, C. G. Jung, Schatten, Selbstpsychologie

The man without shadow: A »peril of the soul«
Adalbert von Chamissos *Peter Schlehmihl*

In his narrative *Peter Schlemihls wundersame Geschichte* (1814), German author Adelbert von Chamisso casts the melancholic syndrome into a symbolic model. Featuring psychological dynamics, the model gives considerable insight into the syndrome's aetiology in showing some aspects of correlation between psychic symptoms and the cultural and economic background of 19th century Germany during the early time of industrialization. Strikingly, the model implies a notion of the Self which was not at hand until it was conceived more than a hundred years later by C. G. Jung. It particularly anticipates Jung's conception of the shadow signifying the personal and collective unconscious. To fully understand its dynamics the model requires an approach which was made available by Heinz Kohut in his system of self-psychology.

Keywords: Schlemihl, Adelbert von Chamisso, C. G. Jung, shadow, selfpsychology

Gerhard Oberlin: Schulleiter, Referent und Organisator in der Lehrerfortbildung Südostasien, Lektor für deutsche Sprache und Literatur an der Beijing Foreign Studies University und am Deutsch-Chinesischen Institut der University of Business and Economics, Beijing/China. Mitarbeit an Lehrwerken, Beiträge zur Didaktik, Pädagogik und Lehrerfortbildung, Forschungsprojekt über narzisstische Leidensbilder in der deutschen Literatur.
5 B Fu Yee Court. 6 Wan Chai Gap Rd., Wan Chai, Hong Kong, E-mail: oberlin@gmx.net

Gerhard Oberlin
Der Mann ohne Schatten:
Szenario eines Seelenverlusts
Adelbert von Chamissos *Peter Schlemihl*

»Und alles um einen Schatten!« (Kap. VI)

Adelbert von Chamisso gelingt es in seiner Erzählung *Peter Schlemihls wundersame Geschichte* (1814), das melancholische Syndrom, dem Ernst Theodor Amadeus Hoffmann im selben Jahr seine Novelle *Der Goldene Topf* widmet, in ein psychologisches Modell zu giessen, das ätiologische Ableitungen in den soziokulturellen Bereich hinein auf die Umwertungsdynamik der ökonomischen Prozesse zur Zeit der frühen Industrialisierung erlaubt. Erstaunlicherweise impliziert dieses Modell bereits einen Begriff des Selbst, wie er erst über 100 Jahre später mit Carl Gustav Jung zur Verfügung stand. Insbesondere nimmt es den tiefenpsychologischen »Schatten«-Begriff vorweg, wie er dann bei Jung für das persönliche und kollektive Unbewusste steht. Zum vollen Verständnis seiner Dynamik verlangt dieses Modell nach einer Selbst-Psychologie, die erst die Kohut'sche Konzeptualisierung von Narzissmus und narzisstischen Persönlichkeitsbzw. Verhaltensstörungen ab 1971 hervorbrachte. Während Hoffmann sich eher für psychogene Anomalien wie den paranoiden Realitätsverlust oder die Bewusstseinsspaltung interessiert, schildert Chamisso vorwiegend, wie menschliche Selbstwertung und ökonomischer Sach- bzw. Funktionswert sich wechselseitig bedingen, auch wie sich im Ganzen das rigide materielle Tauschkriterium auf die Ontogenese des Selbst auswirkt, welche archetypischen Fantasien dies freisetzt und mit welchen zeittypischen Rationalisierungen das einhergeht.

Auch noch im zweiten Jahrzehnt des 19. Jahrhunderts ist der ca. 150 Jahre davor aus England importierte Melancholiekult eine Modeerscheinung in Deutschland. Zwischen 1770 und 1800 erreicht er seinen Höhepunkt und bestimmt danach noch lange das Kunstschaffen der romantischen Bewegung (vgl. Falk 2002, S. 9-41). In diesem am Faust-Stoff angelegten Werk geht es vor allem um das Leiden an der Wertkonkurrenz zwischen dem Individuell-Menschlichen und dem Materiellen, um die Folgen eines Ausscheidungskampfes, wie er typisch ist für das Bürgerliche Zeitalter und wie er mit den Gefühlen der Sinnleere und der Existenzangst depressive und andere Syndrome hervorbringt, die das vor-biedermeierliche und biedermeierliche Lesepublikum dem zeitmodischen Melancholiesyndrom zurechnen konnte.

Chamissos Leidensmodell bietet dem Publikum ebensoviel Mystifizierung wie Objektivierung an, um unter den Umständen eines kollektiven Seelendefizits als unterhaltsame Kur in Mode zu kommen und um Verständnis für narzisstische Mangelsymptome zu werben, die das Bild der Zeit prägen. Weniger die Moral und noch weniger die Religion sollen für Therapie sorgen als vielmehr die identifikatorische Erfahrung der ›Schattenlosigkeit‹ am eigenen Leib, zu der der Leser vor die Bühne – oder soll man sagen: in den klinischen Hörsaal? – geladen ist. Dem Medizinstudent Chamisso liegt daran, den Urteilssinn der Zeitgenossen so zu erziehen, dass er dem Balken im eigenen Auge mehr Aufmerksamkeit schenkt als dem Splitter im Auge des anderen. Aus der Erzählung erhebt sich deshalb kein mahnender Zeigefinger, sondern die Stimme des Arztes, der Gelegenheit zum unabhängigen, wertfreien Verstehen schafft, indem er die Symptome eines *Mangels* – »dass mir ein Schatten *fehle*«, lautet die Diagnose – in ein Geflecht biografischer und sozialer Bedingungsfaktoren einbettet.

Das Scheitern des Schlemihl'schen Erfolgswegs kann auf eine spezifisch bürgerliche Psychopathologie zurückgeführt werden, d.h. auf ein zivilisatorisches Leidenssyndrom, welches das Bürgertum aus sich hervorbringt. Die Bedingungen für die Re-Integration des Schattens, sprich: für seelische Gesundheit, die Chamisso *ex negativo* über das narzisstische Mangelsyndrom und *ex positivo* über den einsichtsvollen Leidensweg seiner Figur andeutet, zeichnen sich gleichzeitig als Leitziele für eine wünschenswerte gesellschaftliche Entwicklung ab, allerdings ohne dass ein Weg dorthin erkennbar wäre. Das individuelle Fallmodell mit seiner ungünstigen Prognose gibt als solches keinen utopischen Horizont her. Der biografische Selbstverlust ist nicht umkehrbar, und auf sozio-ökonomische Voraussetzungen, die über ein verändertes psychosoziales Milieu günstigere Bedingungen für die Ontogenese schaffen könnten, deutet nichts hin. Außerdem repräsentiert die kinderlose Schlemihl-Figur ein aussterbendes Geschlecht und bietet so keinerlei Aussicht auf Regeneration.

Das irreversible ›Fehlen‹ der dunklen, aber notwendigen Hemisphäre der Persönlichkeit, welcher der Schatten entspricht, kommt Schlemihl teuer zu stehen: zu all dem Erlittenen muss er zuletzt, um wieder halbwegs Mensch zu werden (der ganze bedarf des Schattens), auch noch die materiellen Vorteile ausschlagen, die der Verlust ihm immerhin eintrug. Kein Weg führt mehr in die Gemeinschaft zurück, und zwar nicht nur, weil die Ganzheit der Person die Voraussetzung für sozial richtiges Handeln wäre, sondern auch, weil jeder dort nur die dunklen Seiten des anderen bemerkt, nicht aber seine eigenen bzw. weil jeder seinen Schatten auf andere projiziert, um sich seiner, als psychische Abwehrmaßnahme, zu entledigen. Ohne solche Projektion funktioniert keine Gesellschaft, insbesondere nicht die bürgerliche des 19. Jahrhunderts, auf deren lichtabgewandter Seite Inferiorität ein pathogenes Spaltprodukt ist, das als Energiequelle für konstruktive, aber auch zerstörerische individuelle Hervorbringungen und Phänomene dient.

Ein deutsches »Wirklichkeitsmärchen«[1]

Was macht Baron Friedrich de la Motte Fouqué Ende Mai 1814 in einem Brief an Julius Eduard Hitzig glauben, »in unserm lieben Deutschlande schlagen der Herzen viel, die den armen Schlemihl zu verstehen fähig sind und auch wert« (Chamisso 1975, S.16)? Ist es das Vertrauen in die Literaturverständigkeit der Deutschen; die Erwartung eines *déja-vu*-Effekts bei gleichzeitiger optimistische Einschätzung ihres psychologischen oder sozialen Einfühlungsvermögens; oder das Erahnen von pathologischen Zeitgeist- und Kulturstrukturen im Modellgefüge dieses Buches, das nach der Auffassung seines Autors »ein fabelhaftes, nämlich eine Fabel« ist (Hoffmann u.a. 1996, S. 252)?
Der Herausgeber Fouqué hatte das Manuskript der im Sommer 1813 fertiggestellten Erzählung seit frühestens Ende September 1813 in Händen und war zur Drucklegung der Erstausgabe entschlossen, die unter seiner Herausgeberschaft in den kommenden Jahren, ganz seiner optimistischen Prognose gemäß, rasch nacheinander Übersetzungen ins Englische, Französische, Spanische und Holländische erfuhr und ein »Welterfolg« wurde (Thomas Mann 1982, S.546). »Viele unbekannte Herzensverwandte gibt es«, stellt er fest, »die es [das Buch] mit uns lieben lernen«. Er malt sich aus, sein Briefpartner Hitzig, mit dem ihn eine langjährige Freundschaft und die Mitarbeit im Berliner *Musenalmanach* verband, fühle »vielleicht einen Balsamtropfen in die heiße Wunde fallen, die Dir und allen, die Dich lieben, der Tod geschlagen hat«. Dem »grundehrlichen Buch« (Chamisso 1975, S.16) seines französischen Landsmanns, der eigentlich Louis Charles Adelaïde de Château de Boncourt hiess, traut Fouqué also zu, es könne in der Trauer als Therapeutikum, zumindest aber Aphrodisiakum dienen. Wie anders sollte das Buch dies leisten als durch symbolische Spiegelung innerer Tatsachen, durch die kathartische Inszenierung eines seelischen Konflikts, der ein zeittypischer ist?
Schon auf den ersten Blick ist so manches an dieser »phantastischen Novelle«, wie Thomas Mann sie nennt, ungewöhnlich: die Durchmischung des Märchenhaften mit Realitätssplittern, die zur Recherche einladen, wie das Stadtporträt des Eingangsbildes, hinter dem sich bei näherem Hinsehen kein ganz so »unbestimmter Grund und Boden« (Mann 1982, S. 538), son

---

[1] Als »Wirklichkeitsmärchen« bezeichnete E.T.A. Hoffmann seine fantastische Erzählung »Der Goldne Topf« (1814).

dern mit den Lokalitäten Nordertor und Norderstrasse der Ostseehafen Flensburg verbirgt; dann die Wahl eines Ich-Erzählers, der für eine märchenhafte Erzählung genre-untypisch ist und sie – bei allen Unterschieden! – in eine gewisse Nähe zum picarischen Roman, ja zu den Geschichten eines Karl Friedrich Hieronymus Freiherrn v. Münchhausen (1781/86) rückt, zugleich auch als Vorläufer von Edgar Allan Poe's *The Narrative of Arthur Gordon Pym* (1838) oder auch Herman Melville's *Moby Dick* (1850) erscheinen lässt.

Die Mischung von Realem und Irrealem schafft eine spezifische Erzählwirklichkeit, die in Verbindung mit der Ich-Perspektive gewisse surrealistische, sprich: psycho-mechanische, ja sogar psychodynamische Züge erhält. Der so entstehende fiktive Raum umfasst neben dem Bewussten nun das Unbewusste, d.h. er ist trotz (oder gerade wegen) der grandiosen Erzählattitude – man könnte wegen der Wahrnehmungs- bzw. Glaubwürdigkeitsproblematik von einem Münchhausen-Effekt sprechen –, größer als der eines idealtypischen Märchens. Mit dem in den surrealen Raum ausgedehnten Erzählrealismus, der die psychische Innenlandschaft darstellbar macht – Thomas Mann spricht von einem »realistischen Symbol« (Mann 1977, S. 140) –, ist der Autor dieser Erzählung ein Vorreiter der Moderne. So nimmt es z.B. auch nicht wunder, dass Franz Kafka an diesem Stoff offenbar großes Interesse hatte. In einem Brief an Felice Bauer vom 26.9.1916 hob er den »Beziehungsreichtum der Geschichte« (Kafka 1976, S. 709) hervor. Vermutlich hätte er den Stoff nicht viel anders gehandhabt. Die Modellierung des Selbstbilds nach dem Fremdbild hätte auch bei ihm den Schattenlosen schattenlos bleiben und gegebenenfalls daran zerbrechen lassen, so wie Gregor Samsa in der *Verwandlung* bis zu seinem Ende das »ungeheuere Ungeziefer« bleibt, als das er sich eines Morgens im Bett vorfindet, und der Hungerkünstler in der gleichnamigen Erzählung sich konsequent zu Tode hungert. Noch deutlicher hätte Kafkas Handlung allerdings innen gespielt, noch klarer wäre das Drama als Seelenagonie zu erkennen gewesen und damit die Figuren als widerstreitende Teile oder gar Abspaltungen der konfliktreichen Persönlichkeit. Mit Kafka nennt man aber schon die Ziellinie dieser Entwicklung. Umso moderner erscheint im Vergleich der 100 Jahre frühere Chamisso (vgl. Christian Buch 1999).

Zur Erinnerung kurz die Handlung dieser Erzählung: Ein Mann unbestimmten, aber noch jungen Alters namens Peter Schlemihl landet nach einer »sehr beschwerlichen Seefahrt« (Kap. II) eines Tages im Frühling oder Frühsommer in einer Hafenstadt. Im herrschaftlichen Park und in der Gesellschaft des reichen Thomas John wird ihm noch am Ankunftstag seine Armut schmerzlich bewusst und er verkauft seinen Schatten ohne zu zögern einem »grauen Mann« (Kap. II) gegen einen immervollen Beutel mit Gold. Die Reue folgt auf dem Fuss, doch der Umtausch ist vorderhand unmöglich, der Mann verschwindet mit dem Schatten in seiner Tasche und wird erst auf den Tag genau ein Jahr später wieder auftauchen, um als Preis für den heissersehnten Rückkauf des Schattens nichts Geringeres als Schlemihls Seele nach dessen Ableben zu fordern, ein Handel, den dieser dann besonnen ablehnt, um lieber den Rest seines Lebens ohne Schatten zu fristen und seine Seele zu retten. Im Jahr des Wartens auf den Verführer, der eher ein teuflisch maskierter Bürger als ein verbürgerlichter Teufel ist, lebt Schlemihl in ständiger Angst vor dem Licht und der Entdeckung seines Mangels. Sein nie versiegendes Gold dient ihm dazu, sich vor der mit abergläubischer Verachtung lauernden Welt beliebt zu machen und sein Handicap raffiniert zu tarnen. Gelingt dies nicht, muss er weiterziehen. Den Höhepunkt dieses Jahres erfährt sein gehetztes Leben, als der dank eines Missverständnisses für den König gehaltene »Graf Peter« sich in Mina, die Försterstochter, verliebt. Die Hochzeit ist bald beschlossene Sache, doch will der skrupelhafte Schlemihl den Rücktausch des Schattens abwarten, um das Mädchen ›in Ehren‹ zu heiraten. Bevor jedoch der Termin gekommen ist, wird er von seinem habgierigen Diener Rascal verraten, der ein Auge auf Mina hat, und muss endgültig untertauchen. Nicht einmal Minas wegen will er sich auf den Seelenhandel mit dem immer aufdringlicheren »Grauen« einlassen, der ihm seinen Schatten und mit ihm seine bürgerliche Existenz zurückgäbe. Auch der immervolle Beutel gilt ihm schließlich nichts mehr; er wirft ihn weg. Arm und heimatlos, aber leichter in der Seele, hat er doch noch Glück. In einem Paar gebrauchter Stiefel erwirbt er, ohne es zu wissen, Siebenmeilenstiefel und findet sich unverhofft auf Weltfahrt. Sein Leben beschließt er als Weltreisender und Naturforscher, der Fauna und Flora des Planeten wissenschaftlich dokumentiert – ganz wie Chamisso selbst, der im Jahr nach dem Erscheinen seiner Erzählung in wissenschaftlicher Mission als Naturforscher mit einer Expedition in die Südsee und zu einer Weltumseglung aufbricht, von der er erst über 3 Jahre später, am 31. Oktober 1818 zurückkehrt.

Nicht nur in diesen frappant prognostischen Zügen erweist sich, dass der Erfinder dieser Fabel an seinem eigenem Leben Maß nimmt, und zwar so gründlich und richtig, dass ihm »ein antizipierendes Selbstbild des späteren Naturwissenschaftlers« (Heßling 1994, S. 143) und damit die Extrapolierung der biografischen Zukunft gelingt. Der interessanteste Hinweis auf autobiografische Wurzeln liegt im sprechenden Namen der Titelfigur selbst versteckt, der Programm ist, wenn auch ganz anders als erwartet. ›Träumer‹ und ›Schelm‹ sind neben dem jüdisch-rotwelschen ›Dummchen‹ und ›Pechvogel‹ die landläufigen Grundbedeutungen, die dem Grimm'sche Wörterbuch (und dem deutschen Sprachgebrauch – übrigens auch dem englischen!) bekannt sind. Dort liest man abschließend unter der Eintragung SCHLEMIHL, m.: »der held des chamissoschen märchens, der unbeholfene träumer, der von verschuldetem und unverschuldetem unglück verfolgt wird, führt also einen sehr charakteristischen namen«. Dass Schlemihl nun aber im Sinne eines *nomen est omen* ein Träumer sei, ist anhand der Erzählung nicht nachvollziehbar. Das ›Träumerische‹ lässt sich nirgends aus dem Text ableiten und selbst eine großzügige Deduktion dieser Eigenschaft aus dem Verhaltens- und Charakterbild der Figur scheint mir nicht möglich. Das gibt zu denken. Man muss sich jetzt fragen: wie kommt es zu dieser Differenz zwischen Namenssymbolik, der doch üblicherweise eine Programmatik entspricht, und der tatsächlichen Figur? Weshalb, wenn er als Träumer gedacht war, ist er das nicht auch geworden, wie z.B. der Anselmus in Hoffmanns *Der goldene Topf*? Handelt es sich da um ein unkontrolliert eingeflossenes Element aus Chamissos eigener Biografie oder um ein stehengebliebenes Werkstattrelikt, eine aufgegebene Arbeitshypothese? Und/oder ist Schlemihl womöglich gar so angelegt, dass er sich *gegen* die suggestive Prognostik seines eigenen Namens behaupten muss – eine Art Anti-Schlemihl also, der seinem Namen nicht Ehre, sondern ›Unehre‹ machen muss?

Dann wäre die *nomen-omen*-Differenz ein ästhetischer Trick, der die Figur von sich weg und gerade dadurch zu sich hin dynamisiert. An Chamissos eigenem Klartext-Beitrag zur Namensdeutung ist vor allem die Nähe zur Anselmus-Figur und die partielle Distanz zu seiner eigenen Figur aufschlussreich. Mit dem Namen Schlemihl, sagt er, geschieht die »Benennung von Ungeschickten und Unglücklichen, denen nichts in der Welt gelingt. Ein Schlemihl bricht den Finger in der Westentasche, er fällt auf den Rücken und bricht das Nasenbein, er kommt immer zur Unzeit.« (Zit. nach Lahnstein 1987, S.95) Wenn dem so ist, dann hat sich dem fiktiven Erzähler und noch viel mehr dem schreibenden Autor der Geschichte das handelnde Ich noch in der Werkstatt in ein anderes, stärkeres verwandelt – Folge der künstlerischen Sublimierung?

»Je est un autre«

Als der Franzose und Wahldeutsche Chamisso im August 1834, 21 Jahre nach der Abfassung des *Schlemihl*, Bilanz zieht, ist er der Meinung, dass in diesem Schlüsselwerk, dem einzig bedeutsamen, das ihm gelang, seine eigene Figur von seinem Leben Abstand nimmt. In dem Gedicht *An meinen alten Freund Peter Schlemihl* vergleicht er sich mit jenem und stellt bedeutsamerweise die Ähnlichkeit in Frage, ohne sie zu verwerfen:

(...)
Den Schatten hab ich, der mir angeboren,
Ich habe meinen Schatten nie verloren.
Mich traf, obgleich unschuldig wie das Kind,
Der Hohn, den sie für deine Blöße hatten. –
Ob wir einander denn so ähnlich sind?! –
Sie schrien mir nach: Schlemihl, wo ist dein Schatten?
Und zeigt ich den, so stellten sie sich blind,
Und konnten gar zu lachen nicht ermatten. (...)
(Chamisso, 1975, S. 13f.)

Hier wird der autobiografische Ursprung der Geschichte in vermutlich kindlichen Neckereien sichtbar, die als Verhöhnung und Blosstellung erfahren wurden. Erhellend ist, dass dieser Ursprung in der Leugnung des Schattens wider besseres Wissen besteht und damit einer Bosheit, die die objektiv richtige Selbstwahrnehmung öffentlich Lügen straft. Man könnte auch sagen: der für das Kind (den alpträumenden Erwachsenen?) schmerzlichste Teil dieses Erlebnisses ist die Erfahrung der Selbstirritation in der Verhöhnung durch andere. Die der Episode zugewiesene Bedeutung legt nahe, dass diese Erfahrung nicht singulär war, sondern offenbar häufig genug gemacht wurde, um zu einer hohen seelischen Vulnerablität zu führen. Die Infragestellung des individuellen Selbst, wie sie dem jungen Louis Charles widerfahren ist, lange bevor die Familie von ihren Gütern fliehen musste – es wird berichtet, dass er unter der Fuchtel einer pedantischen Aufseherin stand und ein in sich gekehrtes, eigenbrötlerisches Kind war (vgl. Kurz 1999, S.101) –, dürfte ihn bei der Heranbildung einer reifen Persönlichkeit beeinträchtigt haben. Der Autor lässt hier durchscheinen, dass er als Kind unter ›falschen Spiegeln‹: despektierlichen Zerrspiegelungen litt, die sein Selbstwertgefühl unterminierten, indem sie seiner jungen Person buchstäblich »Hohn« sprachen. Auch Thomas Mann sieht in solchen Stigmatisierungen die biografischen Wurzeln der Schattensymbolik. Sie künden, sagt er unbestimmt, von den »Qualen der jugendlich problematischen Existenz ... die mit wundem Ichgefühl überall Hohn und Verachtung spürt«. (Mann 1977, S. 141)
Hierin erkennt man leicht auch die Brücke von der Schatten- zur Spiegelmetapher. Hoffmann beschritt diese Brücke, als er, wie Hitzig im Januar 1827 an Fouqué schrieb, nach der begeisterten Lektüre des *Schlemihl* »der Versuchung nicht [widerstand], die Idee des verlornen Schattens in seiner Erzählung: »Die Abenteuer der Sylvesternacht« durch das verlorne Spiegelbild des Erasmus Spikher, ziemlich unglücklich zu variieren« (Chamisso 1975, S. 17). Allein in der Dynamik der Bespiegelungsdialektik liegt immer schon die Möglichkeit einer fiktiven, nur behaupteten oder eingebildeten Identität eingeschlossen. Das allein schon könnte die ›Träumer‹-Konno-

tation im Namen Schlemihl erklären. Es handelte sich dann um eine übernommene, fremdperspektivisch suggerierte Eigenschaft, die zur Fehlinterpretation des Ich führt. Mehr als ein halbes Jahrhundert später resümiert Arthur Rimbaud diese Erfahrung in einem Brief vom 15.5.1871 an Paul Demeny mit den Worten: »Je est un autre« – die Formel für die iterative Unabgeschlossenheit des Selbstbilds im Milieu der normierten Gesellschaft.

Natürlich erhält die Schattenmetapher nicht erst in der episodischen Diskriminierung und darüber hinaus in der Kindheitsgeschichte des Autors ihre dialektische Dimension, die die Leugnung von Selbstfacetten oder des Selbst als Ganzem durch andere bzw. die hohe Vulnerabilität für negative Echos bis zur Selbstleugnung einschliesst. In der Erzählung wird klar, dass die spontan ablehnende Reaktion der Öffentlichkeit auf das Fehlen des Schattens *nicht* dem individuellen Charakter des Ich-Erzählers als solchem gilt, sondern mechanisch wie eine planmässig eintretende Diskriminierung geschieht und damit alle Anzeichen einer Projektionsmechanik aufweist; ja, dass, wie zum Beispiel der Schurke Rascal beweist, der »doch einen untadeligen Schatten (hat)«, selbst der intakte Schatten noch lange keine Gewähr für gutbürgerliche Charakterqualitäten ist, denn auch »ein Reicher muß in der Welt einen Schatten haben« (Kap. VIII). Damit stellt Chamisso nicht nur die Objektivität der öffentlichen Meinung und ihr Unterscheidungsvermögen in Frage, macht nicht nur bewusst, wie sehr der einzelne ihr ausgeliefert ist, sondern zeigt auch, dass die Selbstwahrnehmung Schlemihls in diesem Stadium auf die Erwartung eines Negativurteils fixiert und, unabhängig vom tatsächlichen öffentlichen Urteil, hochgradig projektiv ist. Indem Chamisso aber das eingespielte Wechselspiel von Subjekt und verinnerlichtem Objekt, von Selbstbild und Fremdbild in den Vordergrund rückt, stellt er dem Leser, der Leserin das letzte Urteil über Schlemihl anheim. Dieser, das wird dann klar, ist keineswegs mit dem ominösen Träumer identisch und erst recht kein Schelm, und seine allerschwerste Aufgabe besteht darin, das Omen in seinem Namen, nicht umsonst eine Wortmünze, daran zu hindern, zu einer *self-fulfilling prophecy* zu werden. Er müsste es also Lügen strafen und dadurch entschärfen. Er müsste aufhören, auf das Echo mit einem Echo zu antworten.

Szenario eines Seelenverlusts

Wie aber sieht nun das Leidensmodell aus, für das die Figur des Schlemihl in ihren Aktionen und Reaktionen und in ihren Bezügen zum kulturellen Umfeld steht? Die Geschichte beginnt fast wie eine Kurzgeschichte: nahezu beliebig erscheint der Anschnitt, mit Tempo und Selbstverständlichkeit erzählt der Ich-Erzähler seine ersten Schritte, als folge er, die handelnde Figur, einem zwingenden Drehbuch. Keine Vorgeschichte. Eine Hafenankunft. Fertig. Der Mann ist arm oder ärmlich. Dass er in persönlichen Angelegenheiten unterwegs ist, vermuten wir bald. Eindeutiges erfährt man nicht, Symptomatisches fällt einem aber bald auf: der Erzähler hat ein Stigma, ein tief gekränktes Wesen, er benimmt sich unsicher, untertänig, ist ängstlich, er ist von Statussymbolen und Hierarchien eingenommen, und er hat ein Problem mit sich selbst, seinem Erscheinen in diesem Aufzug, mit dem Kontrast zu anderen, ja überraschenderweise besonders zu den Bediensteten, denen er doch von seinem Erscheinungsbild her näher stehen sollte als der vornehmen Gesellschaft, die ihn, wie es den Anschein hat, mit seinem eigenen Einverständnis ignoriert.

Es ist ein Geschlagener, ein Verlierer, der da im Hafen ankommt und mit seiner »kleinen Habseligkeit« im »geringsten Haus« am Platz absteigt. Sogar noch den Geringsten ein Geringer – »der Hausknecht maß mich mit einem Blick und führte mich unters Dach« –, macht er sich mit einem Empfehlungsschreiben auf und »zog in Gottes Namen die Klingel« am Palast eines gewissen Thomas John, der ihm weiterhelfen soll. Chamisso feilt jetzt penibel am Detail, wenn er die Perspektive des Gekränkten, Beschämten, Verängstigten darstellen will. So hat auch der von dem Portier Eingelassene nicht einfach ein paar Fragen nach dem Begehr zu beantworten, sondern regelrecht »ein Verhör zu bestehen« und endlich dann »die Ehre, in den Park gerufen zu werden«, wo ihn der Hausherr »sehr gut«, nämlich – man höre den sarkastischen Unterton heraus – »wie ein Reicher einen armen Teufel« empfängt. Und wie er der Gesellschaft in den Park folgt, beschreibt er das mit den Worten: »Ich schlich hinterher, ohne jemandem beschwerlich zu fallen«. Seine Selbstverachtung wird schließlich offensichtlich, als er dem reichen Prahler John, der etwas allzu dümmlich behauptet: »Wer nicht Herr ist wenigstens einer Million ... der ist ... ein Schuft!«, überschwänglich Recht gibt: »O wie wahr!« (Kap. I) Der Schuft, eine Entlastungsprojektion, wie der reiche Schurke Rascal und der in Verdammnis endende John bald beweisen werden.

Nun vermutet man: der Mann huldigt entweder mit allen Aufsteigern der Welt einer sportlichen Philosophie des *self-made-man* und gedenkt, so schnell wie möglich sein Glück zu machen, oder aber – und das wird prompt bestätigt – er hatte bereits seine Million, aber unglückliche Umstände brachten ihn um Hab und Gut. Zurück blieb ein tiefes Gefühl des Versagens und der Minderwertigkeit, das ihn vor sich selbst in der Tat zu jenem »Schuft« machte, von dem er sich hier nun scheinheilig abzugrenzen sucht, während er sich – der Beginn der Spaltung – masochistisch mit ihm identifiziert. Wenn er später sagen wird, er sei »durch frühe Schuld von der menschlichen Gesellschaft ausgeschlossen (Kap. X), dann klingt das mit der moralischen Wertung zusammen, die in Johns Prahlerei, wo man eigentlich das Wort Versager oder ein Synonym erwartet, ohnehin überrascht. Vollends verrät er seine einstmalige Zugehörigkeit zur wohlhabenden Klasse (und sein bürgerliches Klassenbewusstsein!), wenn er seine Furcht vor den Bediensteten in einem die Umkehrung der Verhältnisse symbolisierenden chiasmischen Wortspiel bekennt: »... ich fürchtete mich fast noch mehr vor den Herren Bedienten als vor den bedienten Herren« (Kap. I). Besonders in ihren Augen hat er den Hohn und die Schadenfreude angesichts seines Abstiegs zu gewärtigen. Die schlimmste Kränkung erfährt man von denen, über die man sich unter besseren Lebensumständen erhaben glaubte.

Der Leser spürt nun förmlich, wie Schlemihl den ominösen Pechvogel in seinem Namen von sich abschütteln, wie gern er ins Fahrwasser des Arrivierten, der »wohlbeleibten Selbstzufriedenheit« zurückfinden und aus »der unbedeutenden Rolle, die ich darinnen spielte« (Kap. I), eine Hauptrolle machen möchte. Irritierend nur, dass er, der »früher den Reichtum [s]einem Gewissen geopfert« (Kap. II), in seinem jetzigen Aufzug und Verhalten mit einem wirklichen Gewissenstäter nichts gemeinsam zu haben scheint, so dass sich sofort Zweifel anmelden. Ist auch das eine Schutzbehauptung? Oder ein weiteres stehen gebliebenes Werkstattrelikt? Die Figur jedenfalls überzieht sich mit einer schillernden Firniss, die alles Verlangen nach Eindeutigkeit enttäuscht. Schlemihl steht als driftendes Selbst vor uns, als eine Person, die aus irgendeinem Grund zwischen die sozialen Mühlenräder geraten ist und sich im Verlangen nach Anerkennung und einer sozialen Heimat verzehrt.

Chamisso hat seinen Helden nunmehr soweit präpariert, dass er für die Versuchung reif ist. »The poor fellow's feeling of inferiority and longing is aroused; his exclamatory reaction to John – ›O wie wahr!‹ – discloses the susceptibility which makes of him an easy mark for the subsequent bargaining of the ›gray man‹.« (Fitzell 1961, S.49) Leicht erkennbar hat der Autor darin das eigene Trauma der Deklassierung eingearbeitet, die seine adelige Familie in den Revolutionswirren des Jahres 1790 erlitt, als der Autor neun Jahre alt war und Frankreich Hals über Kopf verlassen musste, um danach lange keine sichere Bleibe in Europa mehr zu finden. Schlemihl ist also auch hier der junge Louis Charles Adelaïde de C. de Boncourt, der sich plötzlich in einer Lebenslage befindet, wo dem sozialen Abstieg die materielle Entbehrung und die Heimatlosigkeit auf dem Fuss folgt und dem geringeren Stand ein geringerer Selbstwert korrespondiert: in einer Situation der Anfälligkeit somit für gewisse Glücksspiele, für Waghalsigkeiten, den *deus ex machina* und – eben den Teufel. Dieser naht auch prompt, wen wundert es, in Gestalt einer Figur, die an Unsicherheit und Unterwürfigkeit direkt aus ihm hervorzugehen scheint.

Man muss sich einmal genau anschauen, wie Chamisso den mythologischen Teufel, der jetzt als Spiegelpendant des »armen Teufels« in Schlemihl (Kap. I) seinen Auftritt hat und sich später – das perfekte Projektionsbild – selbst einen »armen Teufel« nennt (Kap. V), auf modern interpretiert. Es ist »ein stiller, dünner, hagerer, länglicher, ältlicher Mann«, durchweg »grau« in einen altfränkischen Taftmantel gekleidet, eine totenähnlich »blasse Erscheinung, von der ich kein Auge abwenden konnte, so schauerlich, dass ich sie nicht länger ertragen konnte«. Er kommt nur ihm, Schlemihl, nicht aber der blasierten Gartengesellschaft merkwürdig vor, wenn er dieser »mit devoter Verbeugung« vom Fernglas bis zum Reitpferd alles Gewünschte prompt aus der Manteltasche zaubert, quasi der leibhaftige Supermarkt. Die wesen- und gesichtslose Figur wird in eleganter Erinnerung an den Bibelsatz: »Eher gelangt ein Kamel durch ein Nadelöhr als ein Reicher ins Himmelreich.« (Matthäus 19,24; Koran-Sure 7,40), nun mit einem »Ende Zwirn« verglichen, »der einem Schneider aus der Nadel entlaufen ist«: eine Analogie, die obendrein die Gestalt der »Schlange« mitumfasst, die, zum mythologischen Pflichtinventar gehörend, alsbald ins Spiel kommt, wenn Schlemihl seine gebannte Reaktion beschreibt: »Ich sah ihn voller Furcht stier an und war wie ein Vogel, den eine Schlange gebannt hat.« (Kap. I)

Man begreift natürlich rasch, wer hier des Pudels Kern ist, darf aber nicht darüber hinwegsehen, wie im Detail der Autor seinen Leibhaftigen porträtiert. Er ist, »so verlegen und demütig der Mann selbst zu sein schien«, als Unterwürfigkeit in Person gezeichnet, als einer, der weiß, wie man dem sozialen Absteiger Schlemihl schmeicheln kann:

Er nahm sogleich den Hut vor mir ab und verneigte sich so tief, als noch niemand vor mir getan hatte. (...) Er selber schien sehr verlegen zu sein, er hob den Blick nicht auf, verbeugte sich zu verschiedenen Malen, trat näher und redete mich an mit leiser, unsicherer Stimme, ungefähr im Ton eines Bettelnden. (14)

Zu Schlemihls größter Verwirrung führt er diesem zum einen die scheinbare Umkehrung der sozialen Verhältnisse vor, indem er eine Art Rollentausch vollzieht: er, der der Wundergüter Unzählige aus der Tasche zaubert, wird dem Verarmten gegenüber zum Bittsteller. Zum anderen konfrontiert er ihn mit der Karikatur seines eigenen, von Unsicherheit und Schuldgefühlen bestimmten erbärmlichen Anblicks, der dem Zustand seiner gekränkten Seele entspricht, und wirft ihm so spiegelnd die Schwäche zurück, die es *um jeden Preis* in Stärke zu verwandeln gilt. Mit anderen Worten: er zeigt ihm, wie man aus einem verkümmerten einen verschlagenen, einen echten Schlemihl macht und bietet ihm in just dieser Eigenschaft »manches« an, »was dem Herrn *nicht ganz unwert* erscheinen möchte« (Kap. I, eig. Hervorhebung).

Wenn das keine gute Einfädelung einer – werbepsychologisch fundierten – Kaufverführung ist! Nun kommt er nämlich unverzüglich auf den »schönen, schönen Schatten« zu sprechen, »den Sie in der Sonne, und gleichsam *mit einer gewissen edlen Verachtung, ohne selbst darauf zu merken, von sich werfen, den herrlichen Schatten da zu Ihren Füßen*« (Kap. I, eig. Hervorhebung). Das sind die entscheidenden Worte, die Schlemihls Schicksal besiegeln – und den Psychologen auf den Plan rufen. Denn jetzt geht die Manipulation unter die Haut. Der Konsum- oder auch Werbeteufel, um ihn einmal so zu nennen, ermöglicht mit einem simplen Spiegeltrick die Konfrontation mit dem in der Tat ›achtlos weggeworfenen‹ Selbst des Opfers und bietet gleichzeitig in dieser Demonstration der Selbstverneinung, deren Aussfluss er ja ist, das vermeintliche Heilmittel an, das dem Leiden ein Ende setzen soll, nämlich den Tauschhandel: Schatten gegen Reichtum. Das dunkel-dumpfe Spiegelbild soll also gegen *kein Spiegelbild* getauscht, die qualvolle Auseinandersetzung mit dem minimierten Selbstwert durch vervielfachende Maximierung des Materiellen (man achte auf die Wortmultiplikation: »Gold ... und Gold, und Gold, und immer mehr Gold«, Kap.II) beendet werden. Der Mensch Schlemihl soll endlich seine Seelenlast abwerfen, ja am besten seine ganze Seele zum Teufel wünschen.

An J. G. Frazer (1966) anlehnend, rechnet C. G. Jung den Seelenverlust zu den »perils of the soul« (Müller 2003, S. 376). Traditionell verbindet das religiöse bzw. magisch-mythische Bewusstsein vieler Kulturen ihn mit dem Teufel. Sieht man einmal von Goethes *Urfaust* ab, so scheint in dieser Novelle erstmals eine höchst subtile, tiefenpsychologische Erklärung des Archetyps bzw. der Antriebe hinter der Assoziierung dieses Archetyps versucht. Einige Bedeutungsaspekte des Schattens werden in diesem Zusammenhang klar: der Schatten steht für die negativen Valeurs des Selbst in der Selbstverachtung bzw. die entsprechenden Projektionsinhalte. Sowohl die intrapsychische Abdunklung des negativen Unbewussten in der Komplexbildung (Selbstverteufelung) als auch die negative Wahrnehmung anderer (Verteufelung) sind als psychische Abwehrmassnahmen hier gestaltet. Mit diesen Merkmalen und Funktionen ist das Schattensymbol bei Chamisso dem Schatten-Begriff C. G. Jungs vergleichbar, wobei mit der mythologischen Teufelsfigur der archetypische Transfer zum kollektiven Unbewussten als abwehrende Isolierung des Negativen gegeben ist.

Auf die psychische Projektion als Referenzebene der Schattensymbolik hat bereits Paul Neumarkt hingewiesen und dabei als erster auch die Antizipation des Jung'schen Schattenbegriffs hervorgehoben. Neumarkt geht vor allem auch auf die spezifisch extravertierten Schatteninhalte der Schlemihl-Figur ein, welche gesellschaftlich honorierte Wertziele und Rollen umfassen, die der Introvertierte unbewusst in sich negiert. Der Zeitpunkt des Teufelspakts – nach Ann und John White hat dieser die Funktion des stra-

tegischen »Reifmachens« für den geplanten zweiten, den entscheidenden Pakt (White 1992, S. 224) – fällt mit dem Augenblick größter Ich-Schwäche zusammen, in dem der Schatten die Führung übernehmen kann: »If the ego, however, is weakened, the defenses are overrun by the negative forces of the shadow, gain the upper hand, and assume leadership. We can say that the individual is no longer in possession of his shadow, simply because there is no longer a mask (persona) to cast a shadow.« (Neumarkt 1967, S. 122)
Was der *Faust*-Kundige angesichts des drohenden Pakts an dieser Stelle ahnt, wird auch der Ich-Erzähler sehr bald wissen: dass personale Einheit nicht durch Vielheit ersetzt werden kann, auch dann nicht, wenn die Quantität gegen unendlich und damit scheinbar auf eine neue Qualität zu geht. In der Dialektik von Haben und Sein wird die Psychomechanik der Schlemihl'schen Verführung im Augenblick des ›Goldrausches‹ (»Ich bekam einen Schwindel, und es flimmerte mir wie doppelte Dukaten vor den Augen«, Kap. I) besonders deutlich, wenn man sie auf die Formel bringt: Man kann nur hochschätzen, was man hat, wenn man gering schätzt, was man ist.
Chamisso zeigt in diesem Modell also, dass es nicht der *Lockruf des Goldes* ist, der die Verführung bewirkt, sondern die problematische Selbstwertprägung, ihrerseits, in der gegebenen Durchschlagskraft, Niederschlag eines soziokulturellen Prozesses, den der Einzelne nicht beeinflussen kann. Wenn aus Selbstachtung Selbstächtung wird, wächst der Glaube an die prinzipielle Wertequivalenz oder Wertüberlegenheit eines beliebigen anderen, das kann ein Mensch, eine Ware oder eine Ideologie sein. Noch tiefer führt das Modell, das den Paradigmenwechsel vom Humanen zum Ökonomischen, insbesondere den Wechsel von der humanen zur ökonomischen Wertdeduktion demonstriert, wenn man sich die Fortsetzung jenes Gedichts von 1834 anschaut. Da fragt der 52jährige Chamisso, 4 Jahre vor seinem Tod:

> Und was ist denn der Schatten? möcht ich fragen,
> Wie man so oft mich selber schon gefragt,
> So überschwenglich hoch es anzuschlagen,
> Wie sich die arge Welt es nicht versagt?

Die Antwort lautet:

> Das gibt sich schon nach neunzehn Tausend Tagen,
> Die, Weisheit bringend, über uns getagt;
> Die wir dem Schatten *Wesen* sonst verliehen,
> Sehn Wesen jetzt als *Schatten* sich verziehen.

Das doppelsinnige Spiel mit den Worten »Wesen« und »Schatten« gibt der Problematik eine weitere, entscheidende Dimension. Die einstmals dem Schatten verliehene Wesenhaftigkeit, so lese ich die Pointierung, bewahrt im späteren Leben vor dem Andrang des Irrational-Unbewussten in Form psychischer Störungen. Mit anderen Worten: Nur wer sein Selbst als *Ganzes* bewahrt oder wieder findet, kann sich als personale Einheit erfahren und ein Gefühl für seine individuelle psychische Integrität und Identität entwickeln. Natürlich übersteigt das Wiederfinden oder Wiederherstellen in der Regel die Regenerationsmöglichkeiten des Einzelnen bei weitem, wie ja der Selbstverlust nicht persönlich, sondern letztlich von der Kultur verantwortet wird, die mit ihren Werteprioritäten auch über die Sozialisationsbedingungen, z.B. die familialen Rolleninterpretationen bestimmt, die für die Entwicklung und Reifung des jungen Menschen bedeutsam sind. Ein verlorenes bzw. entwicklungsgestörtes Selbst kann nicht einfach wieder gefunden oder restauriert werden, weist es doch einen nicht wiedergutzumachenden Mangel an fürsorglichen Selbstobjekten und damit von Spiegeln auf, die den Narzissmus des Kindes einerseits und dessen identifikatorische Bedürfnisse nach Idealen und Zielstrukturen andererseits befriedigen. Der Mangel bleibt ein historisches Defizit in der Biografie und kann allenfalls therapeutisch durchgearbeitet, aber nicht nachhaltig geheilt werden.

Chamisso sagt also, um das Sprachspiel noch einmal aufzunehmen: nur wer Wesens macht aus sich selbst und dabei auch dem Schatten, dem dunklen, unbewussten Teil der Persönlichkeit sein Recht lässt, indem er ihn in die Gesamtpersönlichkeit integriert, ist vor Spätfolgen gefeit, die ihm seine Psyche alsbald, je später im Leben je mehr, in Form von krankhaften Versäumnismeldungen bis hin zu Psychosen hinterherträgt. In dem zitierten Gedicht empfiehlt er geradezu die Immunisierung durch verstärkte Selbstintegration gegen die ›Versuchungen‹ der sozialen »Welt«:

> Wir kümmern uns um alle Welt nicht viel,
> Es desto fester mit uns selbst zu halten.

In diesem Sinne erhält die zu einem spröden Hausspruch verkürzte, bewusst nur halb-explizite Moral des *Schlemihl:* »Du aber, mein Freund, willst du unter Menschen leben, so lerne verehren zuvörderst den Schatten, sodann das Geld«, den um so klareren Zusatz: »Willst du nur dir und deinem besseren Selbst leben, oh, so brauchst du keinen Rat.« (Kap. XI) Zur Pflege des Selbst, das weiss der Leser nun, gehört das Festhalten am »eigenen angeborenen Schatten« (Kap. III), einem Wesensbestandteil der eigenen Person und Persönlichkeit, dessen Preisgabe oder Verlust einer Krankheit gleichkommt.

Der Tod und das Mädchen

Der Schatten als Wesen, das scheint eine ungewöhnliche Fügung, und doch wird sie auch jenseits aller Psychologie unmittelbar plausibel, wenn man in der ›Schattenlosigkeit‹ die Wesenlosigkeit, das Wesenlose erkennt oder gar das ›Unwesen‹, das jemand treibt. Da zum Licht der Schatten gehört, ist dessen Abtrennung eine Denaturierung, der beim Menschen die Eindimensionalität zu Gunsten des rational bestimmten Ichs entspricht bzw. zu Ungunsten der nunmehr desintegrierten unbewussten Antriebsenergien und der negativ gezeichneten Selbstattribute. Der schattenlose Schlemihl ist der Ausdruck für das Pathologisch-Werden der Psyche im Sinne einer perversen Ausrichtung auf das Tote oder Todbringende, wie Arno Gruen es darstellt, somit ein gestalteter Hinweis auf die *Dialektik der Aufklärung*. Die Licht-Schatten-Metaphorik spielt ja an sich schon mehr als deutlich auf die Aufklärungsproblematik an. (vgl. Gruen 2004, S. 154)

Ähnlich wie in Goethes 1774 entstandenem *Werther* spielt hier die Erfahrung der Gefühlskälte als gleichsam physisches Verletztsein, physisches Unvollständigsein eine überragende Rolle. »Ich hatte den Tod im Herzen« (Kap. VIII), sagt Schlemihl von sich und klagt, er leide unter »durchschnittenem Herzen« (Kap. II), sei »von allem Leben abgeschnitten (Kap. III)«, »kalt und gleichgültig« (Kap. VII). In Personalunion mit seinem Autor, an den er den Erzählbericht adressiert, träumt er, Chamisso sitze »tot« hinter seinem Schreibtisch »zwischen einem Skelett und einem Bund getrockneter Pflanzen«, die Standardwerke der Botanik neben sich und »ein Band Goethe« (Kap. II) aufgeschlagen. In diesem unerwarteten Bild erscheint mit dem Tod der Horizont jener Krankheit, die in *Die Leiden des jungen Werther* – dem aufgeschlagenen Buch? – als »Krankheit zum Tode« beim Namen genannt wird. Eine Assoziationsbrücke führt von der als inneren Tod erfahrenen Gefühlskälte über die doppelsinnige Figur des »Grauen«, die im *Gefühl des Grauens* – »Mir war schon lange unheimlich, ja graulich zumute ...« (Kap. I) – sozusagen den äussersten Kältepol symbolisiert, zu Mephistopheles im *Faust*, der sich in schizoider Personalunion mit diesem als »kalte Teufelsfaust« (V.1381) präsentiert und vor dem Gretchen ein ebensolches »heimlich Grauen« (V.3480) empfindet wie später vor ihrem Heinrich: »Mir graut's vor dir.« (V.4610)

Dass die mit dem Schattenverlust wegcamouflierte Polarisierung der Seele bzw. die Beschneidung um ihren – unabhängig von ihren Inhalten – negativ gepolten Teil die Dimension einer Krankheit und damit möglicherweise auch das Potential des Bösen besitzt, will Chamisso dem Leser ausdrücklich nicht vorenthalten, wenn er einmal einen alten Mann kopfschüttelnd sagen lässt: »... keinen Schatten, das ist bös! Das war eine böse Krankheit, die der Herr gehabt hat.« (Kap. IX)

An dieser Stelle muss etwas genauer noch auf die emotionale Symptomatik der Schlemihl-Figur eingegangen werden, vor allem nun aber auf die Charakteristik des diametral gegenüberliegenden ›Hitzepols‹. Dabei wird auch klar, weshalb man es hier in der Tat mit einem narzisstisch gefärbten Mangelsyndrom zu tun hat, das u.a. ein archaisch-symbiotisches Liebesverlangen, eine, wie Heinz Kohut das genannt hat, »intensive Form von Objekthunger« einschließt (Kohut 1976, S. 66).

Wie Werther seiner Lotte, wie Faust seinem Gretchen, so begegnet Schlemihl im Aufzug des »Graf Peter« (Kap. IV) der jungen Förstertochter Mina, der – platonisch idealisierten – Liebe schlechthin *(Minne)*, nach der er auf der Suche ist. Als ›Schattenloser‹, der den dunklen Teil seines Selbst ›weggeworfen‹ hat, ist er dazu bestimmt, ein Pendant zur Rekonstruktion seines Selbst, mithin die Quintessenz der Liebe zu suchen mit den Elementen: Mütterlichkeit, Aufopferung, Empathie, Unerschöpflichkeit, Allverfügbarkeit, Sinnlichkeit, letztere in ambivalenter Gewichtung, weil es sich ja bei dieser Art von Ikonographie um eine prä-ödipale Verschmelzungsfantasie handelt, allerdings schon im Zeichen des ödipalen Inzesttabus. Nur in einem menschlichen Korrelat dieses Ideals, das in seiner unendlichen Größe dem unendlich erlittenen narzisstischen und selbstidentifikatorischen Mangel entspricht, wären die Spiegel und damit die Selbstobjekte zu finden, in denen Schlemihl die grundlegende Vergewisserung seines Daseins zu erfahren hofft. Genau wie Goethes Werther sucht er nach einer endlos ergiebigen Spenderin, die den emotionalen Nimmersatt in ihm befriedigen soll, und läuft damit in eine parasitäre Beziehungskonstellation, in der er der immer Nehmende und die Frau die immer Gebende ist.

Entsprechend ist die Figur der Mina, der idealen Minne in ihrer Eigenschaft als »Engel« und »himmlische Erscheinung« dann auch zugeschnitten. Sie tritt mit einem »Chor Jungfrauen von ausnehmender Schönheit« auf. Die äußerst artifiziell-kitschige Szenendarstellung weist dieses Bild unverblümt als perspektivisches Klischeekonstrukt einer krankhaft schwärmerischen Fantasie aus. Als madonnenhafte Verkörperung der selbstlosen Hingabe hat das idealisierte Mädchen weder ein individuelles Gesicht noch ein charakterliches Eigenleben. »Sie liebte«, heißt es in Schlemihls Perspektive auffällig gespreizt und typisierend, »wie ein Weib, ganz hin sich opfernd; selbstvergessen, hingegeben den nur meinend, der ihr Leben war, unbekümmert, solle sie selbst zugrunde gehen, das heißt, sie liebte wirklich.« Vollends lebensfern gerät dieses Abziehbild der Selbstlosigkeit in einem antikisierenden Brief an Schlemihl, den dieser zitiert und in dem er seinerseits in alter Adelsherrlichkeit mystisch entrückt erscheint. »Weiß doch mein Schicksal, Graf Peter gehört nicht mir, gehört der Welt an. Will stolz sein, wenn ich höre: das ist er gewesen, und das war er wieder, und das hat er vollbracht; da haben sie ihn angebetet, und da haben sie ihn vergöttert.« (Kap. IV) Hat Adelbert von Chamisso hier seine grandiosen Fantasien gestaltet, die mit dem Stigma des Standesabstiegs zusammenhängen? Mina wird nicht nur zum Inbegriff der sich opfernden Liebe und des Verzichts, sondern auch zum Muster der gütigen Allpräsenz, wie es sich der um die reale Macht über sein Selbstobjekt beraubte Schlemihl ausphantasiert. Mit ihrem aufopferungsvollen, zweimaligen »Zeuch hin!« gerät sie schließlich weniger zum Inbild der Frau als zum Inbegriff des Devotionalienkitsches, wie er in melancholischen Männerhirnen gelegentlich ausgebrütet wird: »Habe dich im Herzen, mein Geliebter, fürchte nicht, von mir zu gehen – werde sterben, ach! So selig, so unaussprechlich selig durch dich.« (Kap. IV)

Eine »rührende Episode« wie Thomas Mann schrieb (Mann 1982, S. 543)? Wirkliche Objektliebe ist das nicht, was man hier erlebt, sondern ein Selbstbeziehungsszenario. Auch das hat Neumarkt hervorgehoben: »His basic fear of heterosexual relationship would be in support of Jung's suggestion that regressive homosexual tendencies might possibly be involved.« (Neumarkt 1967, S. 123) Sie besteht vor allem im Leerschöpfen, in der emotionalen Ausbeutung des Partners. Schlemihl selbst setzt dann selbst den Haltepunkt dieses Missbrauchs, »als nach dem ersten bewusstlosen Rausch ich mich besonnen, mich selbst scharf angeschaut, der ich, ohne Schatten, mit tückischer Selbstsucht diesen Engel verderbend, die reine Seele an mich gelogen und gestohlen!« (Kap. IV)

Es gehört zum poetologischen Entwicklungsprinzip der Erzählung, dass die Ich-Figur immer wieder das Zeug zu ihrer eigenen Kurskorrektur besitzt. Der Autor will offensichtlich einen Fall vorführen, aus dessen tragischer Psychopathologie man lernen kann. Interessant beispielsweise, wie Schlemihl das Theatralisch-Hochstaplerische überwindet, das doch in seinem Typus angelegt ist. Der Einsamkeit seiner neuen, schattenlosen Existenz überdrüssig, wagt sich Schlemihl eines Tages »wieder unter die Menschen und begann eine Rolle in der Welt zu spielen«. Er wird welt- und wortgewandt, schmeichelt den Frauen, ein bürgerlicher Höfling, der plötzlich »Witz und Verstand« hat. Darüber wird er, so heißt es, zum »Narren«, der sich, »selbst mit dem besten Willen, nicht den Rausch aus dem Kopf ins Herz zwingen kann«. Als schließlich das »alte, wohlbekannte Spiel, worin ich gutmütig eine abgedroschene Rolle übernommen« (Kap. III) in einer Katastrophe endet, die ihn zur Flucht zwingt, kommt die Wende.

Arno Gruen leitet die Bedeutung des Fassadenhaften, Theatralischen aus der Selbstentfremdung ab und kommt zu dem Schluss: »Der Schein hat einen höheren Wert als das Sein. Gemeinsam mit einer grundlegenden emotionalen Verarmung führt dieses Charakteristikum zu einer sehr dünnen Kulissen-Vorstellung von Realität, in welcher der Fassade zu jedem

Zeitpunkt die zentrale Aufmerksamkeit zukommt.« (Gruen 2004, S. 154f.) Schlemihl durchläuft diese ganze Entwicklung im Zeitraffertempo. Kaum eine Episode, an deren Ende nicht eine Wendung stünde, solange, bis es nichts mehr zu wenden gibt, weil er dort anlangt, wo er das einsame Leben ohne Schatten als sein biografisches Gesetz annimmt.

Der Schatten bleibt letztlich, wo er ist, nämlich in der Hand des Versuchers, der selbst, um mit Jean Paul zu sprechen, »der große Welt-Schatten« ist (Jean Paul 1977, S. 151), und das im dialektischen Widerspiel mit dem Topos des Lichtbringers Luzifer. Der hat zwar weniger Macht über Schlemihl, seit dieser die Quelle seines Reichtums, sein »Säckel« in den Abgrund warf, doch hat er immer noch Macht genug, seinen Schatten zu behalten und dessen Gegenwert festzusetzen: die Seele im Jenseits. Chamisso kündigt ein Zeitalter an, in dem »die Schattenlosigkeit in ihrer Erkenntnisfunktion« (Schuhmacher 1977, S. 151) zum irreversiblen Zustand wird, worunter man in der Tat eine zivilisatorische Entwicklungsstufe verstehen könnte. Die Verfügungshoheit über den Schatten liegt nicht mehr allein in der Hand des Subjekts. Der Teufel sagt es Schlemihl auf den Kopf zu: »Und hätten gleich die Motten Ihren Schatten schon aufgefressen, der würde noch ein starkes Band zwischen uns sein.« (Kap. VIII)

Offensichtlich bereitet die Deutung der bleibenden Schattenlosigkeit als (noch?) nicht gesellschaftskonforme Erscheinung einige Schwierigkeiten. Jedoch solle man die Pointierung in der sich verstärkenden Polarisierung und psychischen Selbstentfremdung sehen und das Bild der mangelnden Akzeptanz der Krankheit nicht als Argument gegen ihre psychosoziale Verbreitung, sondern als Ausdruck der Alltagserfahrung verstehen, dass seelische Pathologien von allen wahrgenommen werden außer vom Kranken selbst. »The chances are that the individual whose shadow has gone astray is not even aware of the extraordinary circumstance he finds himself in.« (Neumarkt, 1967, S. 120)

Nicht also »der Mensch ist ein Fehler in der Natur« (Schuhmacher 1977, S. 151), sondern die soziokulturelle Situation. Wir stehen am Beginn der Industriellen Revolution. Diese schafft mit dem Primat der Ökonomie über den Menschen ein sozialschädliches Milieu, das krank macht, indem es die psychische Polarisierung zugunsten der messbar leistungstragenden Persönlichkeitsmerkmale forciert. Wenn es richtig sein sollte, dass Schlemihl hier »eine im Sinne der Gesellschaft defekte Persönlichkeit« (a.a.O., S. 153) ist, dann hätte die Gesellschaft hier noch nicht, zumindest noch nicht geschlossen, die Reise in die Zukunft angetreten, in der die Defekte zum Massenphänomen werden sollten. Oder aber – und das ist wahrscheinlicher – sie hätte Abwehrmechanismen gegen das Eingeständnis ihres eigenen Pathologischwerdens ausgeprägt und brandmarkte nun diejenigen, die ihresgleichen sind, wie es Chamisso selbst erging.

Nicht als utopisches Atlantis wie sein Kollege Hoffmann, sondern als realistische Wegmarke setzt der 32-jährige Medizinstudent Chamisso sein Schlussbild: Wir befinden uns in einer Charitée-Klinik namens »das Schlemihlium«, die der ehemalige Diener Bendel von den restlichen Goldvorräten stiftete, die ihm Schlemihl zurückgelassen hatte. Der auf seinen Weltreisen verletzte (und arg weit hergeholte!) Schlemihl liegt am Ende unerkannt als »Numero zwölf« in einem Bett des Hospitiums und hat das romanhafte Glück, den Philanthrop Bendel als Anstaltsleiter und die »gottesfürchtige Witwe« Mina als Krankenschwester um sich zu haben. An diesem letzten Ort von Bedeutung zählen jetzt weder Namen noch Geld noch Herkunft noch Aussehen, sondern nur »Werke der Barmherzigkeit« (Kap. XI). Gehört zu dieser Verwesentlichung des Seins, dass der Mann ohne Schatten, der erst in der Entbehrung des Schattens dessen persönlichkeitstragenden Wert erkennt und das Böse zum Guten, das seelisch Unzuträgliche zum Heilsamen münzt, endlich ein Mensch unter Menschen ist? Dies ist keine Utopie, sondern das Ergebnis einer gelungenen Individuation. Das runde, ausgewogene Selbst, das, mit den Worten Jungs, »absolute Paradoxie [ist], indem es in jeder Beziehung Thesis und Antithesis und zugleich Synthesis darstellt«, erscheint am Ende des Buches noch einmal als Muster und Mahnung, zugleich aber auch, nach all den Wirren, als schwere Aufgabe und – »das eigentliche Weltproblem« (Jung GW 12, §22).

Schatten und Selbst-Psychologie

Liest man den Schatten im Jung'schen Sinne als die ›Bewusstseinsabdunklung‹ des gesellschaftlich und biografisch Negativen bzw. für negativ Gehaltenen in Akten der Verdrängung, Dissoziation oder Komplexbildung (vgl. Jung, GW 8, §204), dann wird auch die oft verhängnisvolle, dialektische Rolle des Ich-Ideals als ›Schatten‹-vertiefende Ursache und Wirkung erkennbar. Denn der Niederschlag des real Negativen in den Dunkelzonen des Selbst verlangt kompensatorisch nach einem Idealpositiven als Individuationsziel oder Abwehrillusion. Umgekehrt ›entdeckt‹ ein idealisiertes Ich soviel Negatives an der eigenen Person, dass es Grund hat, dieses als nicht-opportunen, ja schädlichen Teil der Persönlichkeit abzuspalten. Der Schatten kann indes auch Positives enthalten, wenn z.B. unter dem Eindruck starker Minderwertigkeitsgefühle die positiven Seiten der Persönlichkeit negiert und isoliert werden. Insgesamt ist impliziert, dass die Rückgewinnung der im Schatten gebundenen Energien für ein gesundes Selbst unerlässlich sind. Wenn Jung sagt, dass der Schatten zu 90% reines Gold enthalte, dann meint er genau dies.

Die Reintegration der unbewussten Inhalte ins Bewusstsein spielt bei allen Richtungen der Tiefenpsychologie, insbesondere in der klassischen Psychoanalyse und der Analytische Psychologie eine tragende Rolle im psychotherapeutischen Prozess. Heinz Kohut indes ist in seiner Therapiepraxis.
nicht bestimmt von der absoluten Vorherrschaft des Wertsystems, das mit dem Modell unbewusster und bewusster Bereiche der Osyche verbunden war, d.h. von der Vorherrschaft des Wertsystems, dass es »gut« ist zu wissen (mehr zu wissen) und »schlecht« ist, nicht zu wissen (weniger zu wissen) (Kohut 1981, S. 154).
Er akzentuiert die Wiederherstellung von Kohärenz und Kontinuität des Kern-Selbst als Primärziel der Therapie und weist darauf hin, dass »in Fällen narzisstischer Persönlichkeitsstörungen ... der analytische Prozess die Heilung herbei[führt], indem er die Defekte in der Struktur des Selbst mittels Selbstobjekt-Übertragung und umwandelnder Verinnerlichung ausfüllt.« (Kohut 1981, S. 122) Da Kohut in seinem späteren Werk das Strukturmodell Freuds durch seinen Entwurf des bipolaren Selbst ersetzt, ergibt sich in seiner Theorie eine insgesamt komplexere Psychodynamik als in der Ich-Psychologie. Im Fall der endopsychischen Abspaltung z.B. unterscheidet er zwei Arten der Abwehrorganisation: die »vertikale Spaltung« und die »horizontalen Spaltung«, wobei nur letztere eine ausdrückliche »Verdrängungsschranke« zum Unbewussten errichtet, während beispielsweise erstere, wie im Fall eines Patienten mit narzisstischen Störungen, die »Existenz zweier Selbsts« begründet. Offensichtlich aber bedeutet auch die (vertikale) Spaltung in verschiedene Selbstaspekte die Einlagerung in ein »unbewusstes Selbst« (Kohut 1981, S. 216ff.). Die Theorie ist hier nicht ganz eindeutig. Die Annahme eines »Kern-Selbst« impliziert bereits, dass in der frühen psychischen Entwicklung ein Prozess stattfindet, bei dem einige archaische psychische Inhalte, die als zum Selbst gehörig erlebt worden waren, ausgelöscht oder dem Bereich des Nicht-Selbst zugeteilt werden, während andere weiter innerhalb des Selbst bleiben oder diesem hinzugefügt werden (Kohut 1981, S. 154f.).
Schatten und Schatteninhalte mögen bei Kohut anders akzentuiert sein als in der traditionellen Metapsychologie, weniger schematisch auch als bei Jung, letztlich aber entsprechen sie doch auch »Abwehrorganisationen (...) die den Patienten gegen die Gefahr schützen, eine ständige oder langandauernde Fragmentierung, Schwächung oder schwere Verzerrung des Selbst zu erleiden« (Kohut 1981, S. 166). Auch hier spielt die Komplexbildung eine Rolle, insofern desintegrierte Selbst-Abspaltungen, wie z.B. das desolate Größenselbst im Fall der narzisstischen Störungen, ein autonomes, aber nicht zugängliches Dasein führen können, in diesem Fall als Kern eines Minderwertigkeitskomplexes, der eine hohe Vulnerabilität und

Destruktivität (»narzisstische Wut«) mit sich bringt und – Chamissos *Schlemihl* ist ein Beispiel – eine hohe Bereitschaft, das Defizit zu projizieren und/oder kontraindikativ zu behandeln, z.b. durch materielle oder idealerotische Remedien.

Das intakte Selbst ist auch bei Kohut ein in sich ausgesteuertes: narzisstisch gesättigtes. Ohne die Erfahrung innerer Einheit in zeitlicher Kontinuität ist das nicht möglich. Sie kann nur über das Erlebnis fester Bindung und empathischen Geliebtseins durch ein spiegelndes Beziehungsobjekt gemacht werden, also die Mutter oder eine mütterliche Person, das zum Selbstobjekt wird und sich in positiven Beziehungserfahrungen ein Leben lang wiederholen kann. Das Kind, das zu früh aus der Muttersymbiose entlassen oder vernachlässigt wird und auf diese Weise die Kontrolle über das Selbstobjekt verliert, wird diesen Verlust durch sein Leben tragen. Es übernimmt die Zurückweisung und richtet sie existenziell gegen sich selbst. Es wird in seinem grenzenlosen Narzissmus paradoxerweise ›antinarzisstisch‹. Damit aber wird es eins mit den Kräften und Mächten, die es ablehnen, und pflanzt sich eine Negativität ein, die einen spaltenden Keil in die Ganzheit seines Selbst, ja in seine gesamte Vitalstruktur hineintreibt:

> Wenn das Selbst die Kontrolle über das Selbstobjekt verliert, kommt es zum Zerfall der freudvollen Selbstbehauptung und in der weiteren Entwicklung zum Aufsteigen und zur Verschanzung chronischer narzisstischer Wut. (Kohut 1981, S. 118)

Kohut gebraucht für das »Zerbrechen des Selbst« das Bild der Kernspaltung und spricht von einem Zusammenbruch der Trieborganisation. Der so auseinanderfallende Mensch begreift sich selbst immer weniger und wird sich fremd. Auch Arno Gruen hat in seinen Studien immer wieder beschrieben, was passiert, wenn das Eigene zum Fremden wird: es versagt sich alle Lebendigkeit und stirbt schließlich ab. Die Starre und Kälte, die Vereisung, die sein Selbstverhältnis charakterisieren, müssen aber nach außen weitergegeben werden. Im Töten des Innern-Eigenen gedeiht mit der Destruktivität der Hass, lauert somit Gefahr auch für andere. Wenn das Herz, wie der Volksmund sagt, zur ›Mördergrube‹ wird, ist mit Zerstörung oder Selbstzerstörung zu rechnen (vgl. Gruen 2002, S. 154f.).

Die tollsten und ergreifendsten Dramen spielen bekanntlich nicht im Theater, sondern in den Herzen bürgerlicher Menschen, an denen man achtlos vorübergeht und die höchstens durch einen nervösen Zusammenbruch der Welt verkünden, was für Schlachten in ihrem Innern geschlagen werden (Jung GW 7, Anh. S. 280).

Auch ein Peter Schlemihl kündet von solchen Schlachten. Sein Autor findet sich nicht in Kohuts Liste der Künstler, die, seiner »Hypothese der künstlerischen Vorwegnahme« nach, durch ihre »Hinwendung zu den wesentlichen psychologischen Aufgaben des Menschen [ihrer] Zeit voraus« sind. Wenn Alice Miller sekundiert: »Es sind nicht die Psychologen, sondern die Dichter, die der Zeit vorausgehen« (Miller 1983, S. 319), dann fällt mir ein, dass die Künstler es auch hin und wieder direkt zu sagen wussten. Goethe schrieb einmal an Schiller, die Poesie sei »doch eigentlich auf die Darstellung des empirisch pathologischen Zustands des Menschen gegründet« (Goethe, 1964ff., S.316). Als Beleg hätte er seinen *Werther*, aber auch seinen *Faust* – und Schiller hätte seine *Räuber* anbringen können.

Literatur

Hans Christoph Buch (1991): *Die Nähe und die Ferne. Bausteine zu einer Poetik des kolonialen Blicks*, Frankfurt a. M.
Adelbert von Chamisso: Peter Schlemihls wundersame Geschichte, in: A. v. Ch.: *Sämtliche Werke in 2 Bänden*. Nach dem Text der Ausgabe letzter Hand und den Handschriften. Textredaktion Jost Perfahl. Bibliographie und Anmerkungen von Volker Hoffmann. Bd. 1. München 1975, S. 13-67
John Fitzell (1961): *The Hermit in German Literature*, The University of North Carolina Press
J. W. Goethe: *Goethes Briefe*. Hamburger Ausgabe in vier Bänden, textkritisch durchgesehen und mit Anmerkungen versehen von K. R. Mandelkow, Hamburg 1964ff., Bd. 2
Arno Gruen (2004): *Der Fremde in uns*, München, dtv
R. Heßling: »Soziale und interkulturelle Aspekte des Motivs vom verlorenen Schatten in Adalbert (!) von Chamissos Novelle ›Peter Schlemihls wundersame Geschichte‹«, in: *Das Wort. Germanistisches Jahrbuch 1994*, hg. v. Petra Köhler-Haering.
Friedrich G. Hoffmann/Herbert Rösch u.a. (1996): *Grundlagen, Stile, Gestalten der deutschen Literatur. Eine geschichtliche Darstellung*, Berlin, Cornelsen Verlag
Carl Gustav Jung (1981-2001): *Gesammelte Werke in 20 Bänden* (GW 1-20), Walter Verlag, Düsseldorf und Zürich
Franz Kafka (1976): *Briefe an Felice Bauer und andere Korrespondenz aus der Verlobungszeit*, hg. v. Erich Heller und Jürgen Born, Frankfurt a. M.
Heinrich Kurz (1999): Nachwort. Nachdruck aus der Kritischen Ausgabe des Bibliographischen Instituts Leibzig/Wien, in: Adelbert von Chamisso, *Peter Schlemihls wunderbare (!) Geschichte*, Prag, Vitalis
Peter Lahnstein (1987): *Adalbert von Chamisso. Der Preuße aus Frankreich*, Frankfurt a. M.

Thomas Mann (1982): Leiden und Größe der Meister, in: *Gesammelte Werke in Einzelbänden*, Frankfurter Ausgabe, hg. v. Peter de Mendelsohn, Frankfurt a. M., Fischer Verlag

Thomas Mann (1977): Chamisso, in: ders., *Essays*, Bd. 1: Literatur, hg. v. Michael Mann, Frankfurt a. M.

Alice Miller (1983): *Am Anfang war Erziehung*, Frankfurt a. M.

Lutz Müller und Anette Müller (Hg.) (2003): *Wörterbuch der Analytischen Psychologie*, Düsseldorf/Zürich, Walter Verlag

Paul Neumarkt: »Chamisso's Peter Schlemihl (A Literary Approach in Terms of Analytical Psychology)«, in: *Literature and Psychology*, Vol. XVII, No.2-3, 1967, S. 120-127

Jean Paul (1977): *Vorschule der Ästhetik*, § 33, zit. nach: Hans Schuhmacher, *Narziß an der Quelle. Das romantische Kunstmärchen*, Wiebaden, Athenaion, S. 150-154

Thorsten Valk (2002): *Melancholie im Werk Goethes. Genese – Symptomatik – Therapie*, Tübingen, Niemeyer Verlag

Ann and John White: »The Devil's devices in Chamisso's ›Peter Schlemihl‹: An Article in Seven-League-Boots«, in: *German Life and Letters*, 45:3, 1992, S. 220-225

Abstract

Elisabeth Grözinger
Der Tutzinger Gedichtkreis von Marie Luise von Kaschnitz – ein poetisches Mandala

Basierend auf einer Schilderung des biographischen und literarischen Kontextes von Marie Luise Kaschnitz (1901-1974) wird der »Tutzinger Gedichtkreis« als »poetisches Mandala« beschrieben. Ausgehend vom Ansatz der Analytischen Psychologie wird der »Schöpfungsprozess« skizziert, der sich in der Tutzinger »Schale aus Worten« vollzieht, indem Fragmentierungen erlitten und gewagt werden, indem ein neues Fundament entdeckt wird und innovative Lebensmuster gestaltet werden. Abschließend wird der avantgardistisch anmutende Charakter des Innovations- und Individuationsprozesses von Marie Luise Kaschnitz gewürdigt, der mit dem »Tutzinger Gedichtkreis« einen Wendepunkte erreicht.

Schlüsselwörter: Traumatische Erfahrung, Fragmentierung, Sprachlosigkeit, Rekonstruktion, Dialogfähigkeit

Poems of Marie Luise von Kaschnitz. The Tutzing cycle – a poetic Mandala

After a short view on the biography and on literary context of Marie Luise Kaschnitz (1901-1974) I describe the »Tutzinger Gedichtkreis« as a »poetic mandala«. Using the concept of the Analytic Psychology I analyse the »process of creation«, which is going on in Kaschnitz' poetic »vessel in words«, as a process full of demolition, but also as a process of discovering a new fundament, and as a process of constructing a new a pattern of life. The »Tutzinger Circle of Poems« is shown as a turning point in Kaschnitz' process of individuation. Finally I appreciate the modern and nearly visionary aspects of Kaschnitz' re-lecture of her cultural tradition after world war II.

Keywords: Traumatic experience, fragmentation, speechlessness, reconstruction, capacity for dialogue

Dr. Elisabeth Grözinger, geb. 1953 in Halle/Westf.; Studium der Theologie in Bethel und Mainz, dort auch Germanistikstudium und Promotion (»Dichtung in der Predigtvorbereitung«); Pfarrerin, Mitarbeiterin im Pfarramt für Industrie und Wirtschaft in Basel; Psychotherapeutin in Dornach und Basel; Mitarbeit in der Seelsorgeausbildung der Schweiz; Mitglied im Redaktionsbeirat der Pastoralblätter.
CH-4059 Basel, Thiersteinerrain 134, E-Mail: elisabeth.groezinger@freesurf.ch

Elisabeth Grözinger
Der Tutzinger Gedichtkreis von Marie Luise von Kaschnitz – ein poetisches Mandala

1. Zu Zielsetzung und Methode

»Schreibend«

Schreibend wollte ich
Meine Seele retten,
Ich versuchte Verse zu machen
Es ging nicht.
Ich versuchte Geschichten zu erzählen
Es ging nicht.
Man kann nicht schreiben
Um seine Seele zu retten.
Die aufgegebene treibt dahin und singt.« (Kaschnitz, 1985, S.320)

Ich möchte den Zyklus »Tutzinger Gedichtkreis« von Marie Luise von Kaschnitz – zugänglich in einer Taschenbuchausgabe (Kaschnitz, 1999) – mit Hilfe des Ansatzes untersuchen, der in der Analytischen Psychologie erarbeitet wurde. Indem ich hier einen psychologischen Zugang wähle, frage ich danach, welche Bedeutung die Poesie für die persönliche Entwicklung der Marie Luise Kaschnitz in den Jahren nach dem Ende des Faschismus in Deutschland gehabt haben könnte. Ich möchte damit eine Bedeutungsebene aufdecken, die primär textwissenschaftlich orientierte Lesarten ergänzen kann. Obwohl ich mich hier auf den »lebensrettenden Aspekt« von Literatur konzentriere, möchte ich Kaschnitz' Gedicht nicht auf den persönlichen »Nutzen« für die Autorin reduziert wissen. Jeder ästhetische Text weist über die Bedeutung für seine Urheberin hinaus und entzieht sich damit der Instrumentalisierung. Ästhetische Texte können, obwohl sie sich nicht in Zwecken erschöpfen, für ihre Autorinnen (und für Rezipierende) dennoch psychisch bedeutsame »Funktionen« erfüllen.
Wie sowohl das oben zitierte Gedicht als auch literaturwissenschaftliche Arbeiten – etwa der Aufsatz von Ruth Klüger »Die beiden Ichs in der Lyrik von Marie Luise Kaschnitz« (Klüger, 2001) – belegen, war die Arbeit an der eigenen Identität explizit immer ein Bestand auch im literarischen Werk von Kaschnitz. Die von mir gewählte Fragestellung scheint mir auch von daher gerade dem Werk von Kaschnitz angemessen.

Ich möchte hier nicht nur danach fragen, wie ein poetischer Text zu einer wesentlichen Station auf dem Individuationsweg werden kann, um die Spannungen sichtbar zu machen, die die Autorin mit ihrem Text zu verarbeiten vermochte. Ich hoffe, auch aufzeigen zu können, wie Poesie zu einem hilfreichen Medium werden kann, wenn sich ein Wandlungsprozess »natürlich«, also ohne therapeutische Begleitung und Intervention vollzieht. Kaschnitz nämlich kannte zum Zeitpunkt der Entstehung des »Tutzinger Gedichtkreises« die Abhandlungen von C.G. Jung nicht (Kaschnitz, 1989, S.973). Ich kenne auch keinen Hinweis darauf, dass sie je einen psychotherapeutischen Prozess für ihr Leben nutzte.

2. Skizze zur biographischen und literarischen Entwicklung von M. L. Kaschnitz

Marie Luise Kaschnitz wurde am 31.1.1901 als dritte Tochter des Ehepaars Max Freiherr von Holzing-Berstett und Elsa geb. Freiin von Seldeneck geboren. Sie wuchs in Berlin im Umfeld des kaiserlichen Hofs auf. Sie erhielt eine entsprechend gute Sprach- und Schulbildung und lernte, sich den Gepflogenheiten der preußischen Welt gemäß zu benehmen (Pulver, 1984, S.8). Kaschnitz zeigte sich ungeachtet (oder wegen?) der »geregelten Verhältnisse« des »guten Hauses«, in dem sie aufwuchs, als ein ängstliches und leicht einzuschüchterndes Kind.
»Sicherheit im Umgang mit Wissen, Sicherheit schlechthin – ein Fremdwort auch im Leben von Marie Luise Kaschnitz.« (Pulver, 1984, S. 8) – Mit diesem Resümee beginnt Elsbeth Pulver ihre Annäherung an die Vita der Kaschnitz. Pulver führt jedoch auch aus, dass der schonungslose und bewusste Umgang mit dieser Unsicherheit zu einem zentralen Impuls ihrer Kreativität wird (Pulver, 1984, S. 8f.). Kaschnitz kannte zeitlebens sehr wohl Schutzräume, so dass sich Irritationen, die ihr widerfuhren, letztlich nicht destruktiv auswirken mussten. Als Spiel- und Freiraum erlebte bereits das Kind vor allem die Ferienzeit auf dem Besitz der väterlichen Familie in dem badischen Dorf Bollschweil.
Die geistige Entwicklung der zukünftigen Schriftstellerin vollzog sich zunächst im Rahmen einer Buchhändlerlehre. Weimar, München, Florenz und Rom bildeten die Stationen eines Weges, der sie schließlich – bis 1932 – nach Rom führte. In Rom verbrachte sie die ersten sieben Jahre ihrer Ehe mit Guido von Kaschnitz-Weinberg. Mit dieser Eheschließung scheint die Atmosphäre des »Übersehenwerdens« ein Ende genommen zu haben, unter der die junge Frau im Elternhaus gelitten hatte. Bezeichnend mag sein, dass Kaschnitz ihre Texte zeitlebens unter dem Namen veröffentlichte, den sie aufgrund ihrer Heirat trug. Kaschnitz drang wohl auch durch die

Beziehung zu ihrem Mann zu einer Kreativität vor, nach der sie sich etwa in ihrer jugendlichen Faszination vom Werk Georg Trakls nur gesehnt hat. Auf *die inspirierende Qualität in der ehelichen Verbindung* verweist der Kosename, den G. v. Kaschnitz seiner jungen Frau gibt: Windsbraut. In den autobiographischen Aufzeichnungen »Orte« (1973) notiert Kaschnitz, wie es dazu kam:

> »Eine Windsbraut war ich an dem lauen Dezembertag, der der Tag meiner Hochzeit war. Es gibt da eine Photographie, mein Schleier weht von der Treppe zum Brunnen hin, ein paar Meter weit. Mir war das recht, ich bin immer gern gegen den Wind gelaufen, selbst der heimatliche Westwind, dieser an den Nerven zehrende Heuler gefiel mir, noch mehr der warme westliche Wind an südlichen Stränden, der mir die Uferwellen zornig vor die Füße warf.« (Kaschnitz, 1982, S.626)

Nach Rom folgen – mit der 1928 geborenen Tochter Iris – fünf Jahre in Königsberg und vier Jahre in Marburg. Ab 1941 ist Frankfurt der Hauptwohnsitz der Familie Kaschnitz. Zwischen 1951 und 1956 lebt das Ehepaar erneut in Rom, wo Guido von Kaschnitz das Deutsche Archäologische Institut reorganisierte. Kurz nach seiner Pensionierung (1956) wird bei dem Lebensgefährten von Marie Luise von Kaschnitz ein Hirntumor diagnostiziert. Ihr Mann stirbt nach zwei Jahren schwerer Krankheit im Jahr 1958. Dieser Verlust hinterließ eine tiefe Wunde im Leben von Marie Luise von Kaschnitz, aus der sie sich schreibend zu retten versuchte (siehe das vorangestellte Gedicht).

Kaschnitz hatte zwar 1935 einen Lyrikpreis gewonnen, konnte aber während des nationalsozialistischen Regimes keine Gedichtbände veröffentlichen. Diese Situation änderte sich nach 1945 schlagartig. 1947 und 1948 erschienen zwei Gedichtbände. Kaschnitz avancierte zur »Trümmerdichterin« und damit zu der Lyrikerin, die exemplarisch der Stimmung der Bewohner der ruinierten Städte Ausdruck verlieh. Die Schriftstellerin konzentrierte sich bis zu ihrem Tod 1974 primär auf literarisch »kleinere« Formen wie Kurzgeschichten, autobiographische Notizen und Lyrik. Unter den zahlreichen Ehrungen, die ihrer Kunst zu Teil wurden, sei hier nur der 1955 verliehene Büchner-Preis erwähnt. Gegen Ende ihres Lebens galt Kaschnitz als »grand old lady« der deutschen Literatur (siehe auch Rossbach, 1999, S. 72-88). Dabei war ihr Bild in der Öffentlichkeit allerdings nicht vom Image einer »Bohémienne« geprägt, wie es der Kosename »Windsbraut« vermuten lassen könnte. Kaschnitz wirkte eher konventionell. Hartnäckig hielt sich ihr Image als »Dame mit der Perlenkette« (Marbacher Magazin, 2001, S. 87).

Blieb Kaschnitz auch nach 1945 äußerlich gut angepasst, so verließ ihr literarischer Stil nach der so genannten »Stunde Null« in Deutschland zunehmend die vertrauten Pfade. Zuvor hatte es lange – jedenfalls im Rück-

blick – ausgesehen, als schriebe Kaschnitz wie durch eine Maske. Elsbeth Pulver charakterisiert die an Vorbildern wie etwa Hölderlin orientierte Vorkriegslyrik von Kaschnitz so: »...eigene Vorstellungen wurden dadurch mehr verhüllt als sichtbar gemacht.« (Pulver, 1984, S. 18)
Bereits in den unmittelbar nach 1945 entstandenen Texten (z.B. »Rückkehr nach Frankfurt«; Kaschnitz, 1985, S. 142-153) wird Erleichterung über den Fall der bisherigen Zwänge spürbar. Dazu Gustav Zürcher: »Wie von einem äußeren und inneren Druck befreit zieht sich nun ein längerer ›Atem‹ durchs Gedicht, breitet sich eine Mitteilsamkeit aus, die sich Zeit nimmt und genau sein kann und auch offen für das, was außerhalb der Innenwelt geschieht.« (Zürcher 1984, S. 199)
Elsbeth Pulver geht davon aus, dass der 1951 erstmals öffentlich vorgetragene »Tutzinger Gedichtkreis« formal noch an die hymnischen Texte der unmittelbaren Nachkriegszeit anschließt, zugleich aber deren »Abgesang« ist: »Ein zyklisches Gedicht, ausschweifend in der Länge, mit getragenem feierlichem Vokabular, aber in einem gelegentlich zu Prosa erstarrendem Rhythmus, schwer erträglich in dieser Länge, auf jeden Fall nicht wiederholbar.« (Pulver, 1984, S. 66f.)
Kaschnitz reagiert auf die Erschütterungen, die ihrer Lebenssicht durch den Zusammenprall mit Inhumanität und Destruktivität zustieß, zwar mit Verzögerung, dafür aber umso nachhaltiger. Sie lernt von Krise zu Krise mehr, ihre eigenen Worte in unverwechselbarer Weise und ihrer eigenen Realitätserfahrung entsprechend zu setzen. »Schmerzgrenzen« (siehe dazu »Bericht vom Neumagen«; Kaschnitz, 1985, S. 395) blieben nicht mehr tabu. Das war vor dem Krieg noch anders gewesen. 1938 – unter dem Eindruck brennender Synagogen in der Reichspogromnacht – schwankte Kaschnitz' Stimmung zwischen Resignation angesichts eigener Ohnmacht und Faszination für die gefährdete Humanität. Ausdruck der damaligen Ambivalenz mag der Traum sein, den Kaschnitz im Schreckensherbst 1938 notierte:

> »Christus kommt zu seiner Großmutter. Er ist ein sehr schöner Jüngling. Und er trägt ein wunderbares Kleid aus elfenbeinfarbenem Taft, mit großen zartbunten Blumensträußen bestickt. Die Großmutter ist eine alte häßliche und sehr böse Hexe. Jesus bittet die Großmutter, ein sehr schönes Mädchen lieben zu dürfen. Die Großmutter sagt: Nein, das ist nicht Dein Teil, und fordert ihn auf, sein Kleid auszuziehen. Er tut es, und eine schimmernde Rüstung kommt zum Vorschein. Er starrt sie überrascht an und bittet, in den Krieg ziehen zu dürfen. Die Großmutter sagt: Nein, das ist nicht Dein Teil. Jesus fragt: Was ist denn mein Teil? Die Großmutter sagt: Du sollst sterben und vergessen werden. Du sollst ganz und gar vergessen werden.

> Dieser Traum war in Wirklichkeit viel schöner. Ich versuchte, mit aller Kraft, ihn zu behalten, wie er war. Ich wachte noch mehrere Male halb auf und wußte ihn noch genau mit allen Einzelheiten, mit allem Zauber des Unwirklichen. Am Morgen erinnerte ich mich noch dieses Zaubers, aber es nicht möglich, ihn mit Worten wieder zu geben.« (Kaschnitz, 2000, S. 230)

Erst der dreizehn Jahre später vorgetragene »Tutzinger Gedichtkreis« wird auf Kaschnitz' Weg zu einem profilierten Engagement für die Menschlichkeit in der Poesie zu einer »Drehscheibe«. Nach dem »Tutzinger Gedichtkreis« reagiert sie direkter mit einem Ton, der sich durch immer mehr Mut zur Präsentation ihres eigenen Tons in der Lyrik auszeichnet. So schließt sie den ersten Gedichtband »Dein Schweigen – meine Stimme«, der nach dem Tod ihres Ehemanns erscheint, mit folgenden Zeilen:

> »Meine Neugier, die ausgewanderte ist zurückgekehrt...
> Zweijährige Stimme...
> Wie sehne ich mich nach der Zeit, als sie nichts
> zu bestimmen hatte.
> Als ich hintrieb ruhig im Kielwasser des Todes,
> In den milchigen Strudeln der Träume ...
> Was für eine Stimme, die aus mir selber kommt, Spottdrosselstimme, und sagt,
> Was willst du, du lebst.«
> (Kaschnitz, 1985, S. 372)

Als Kaschnitz 1974 in Rom stirbt, stand eine aus dem Geist des Humanismus und des Bürgertums schöpfende Gesellschaftskritik, wie Kaschnitz sie – noch immer nicht ganz frei von Pathos – laut werden ließ, bei westlichen Intellektuellen unter dem Verdacht des Idealismus. Ungeachtet des kühleren Windes, der in den Jahre vor ihrem Tod blies, blieb Kaschnitz bei ihrem Vertrauen auf die verwandelnde Kraft der Phantasie. So notierte sie noch 1974 für einen Vortrag:

> »Die vielstimmige Sprache der Lyrik kann nicht für immer zum Schweigen kommen... Denn in der Natur des Menschen ist... die Rettung durch Phantasie vorgesehen. Es gehört zu seinen unveränderbaren Vermögen, Mythen und Religionen zu bilden oder diesen letzten kleinen Freiheitsraum, das Gedicht... Er kann, von aller Rücksichtsnahme auf traditionelle Stile befreit, neue Formen bilden und Überraschendes zutage treten lassen.« (Kaschnitz, zit. n. Schweikert, 1984, S. 316f.)

3. Zeit, Ort, Form und Thematik des Tutzinger Gedichtkreises

3.1. Äußere Koordinaten

Die 29 Strophen des Tutzinger Zyklus bilden ein Mosaik aus Traditionsfetzen zum Thema »Zerstörung und Schöpfung«. Das Text-Gefüge ist aus unterschiedlichsten Materialen (z.b. Bibelzitate, mediterrane Mythenfragmente, kontrastiert mit Bildfetzen des Alltags der Poetin) und Formen (z.b. Elegie / Gebet / Anklageschrift / Dialog / Monolog) zusammengesetzt. Das Gedicht beginnt mit dem »Bericht« von einem Gebet, das unmöglich geworden ist, weil der »Gesprächspartner«, der Vater-Gott wohl des christlichen Basis-Gebets, des »Vaterunsers«, an das der Text denken lässt, sich verflüchtigt:

»Zu reden begann ich mit dem Unsichtbaren ...
Aber wen sprach ich an? ...
Vater, Du, Flirren in der Luft,
Herfunkelnd vom fliehenden Stern –«

Das Gedicht aktualisiert den vergeblichen Versuch einer Zwiesprache mit dem »Unsichtbaren«. Anders als gewohnt prägen nicht Bitten diesen »Ruf« nach dem »Urheber« allen Seins. Es dominieren Aussage-Sätze, die absolute Schutzlosigkeit und die Ruinierung vertrauter Formen anzeigen. So heißt es beispielsweise in Strophe 10:

»Fortgenommen hast Du uns unsere Schuld,
An die wir uns halten konnten, das Bleigewicht,
Und ausgelöscht das finstere Gegenbild,
das wir entrinnen konnten in Deinen Schoß.«

Konsequenterweise endet das Gedicht, das kein Gebet mehr sein kann, nicht mit einem »Amen« (›So geschehe es!‹), sondern mit einem Gedankenstrich – als wolle die Autorin die Ungewissheit dessen, was geschehen wird, bewusst halten.

Der Zyklus wurde erstmalig im September 1951 auf einer Tagung der Ev. Akademie Tutzing zur Frage »Wozu Dichtung« präsentiert. Außer Kaschnitz waren so prominente Autoren wie Manfred Hausmann, Luise Rinser und Rudolf Alexander Schröder geladen. Die in Tutzing vorgetragenen Gedichte wurden 1957 in den Band »Neue Gedichte« aufgenommen. Im Nachlaß fanden sich Texte, die offensichtlich im Umfeld – vielleicht als Vorstudien – geschrieben wurden und ebenfalls unter dem Titel »Tutzinger Gedichtkreis« in den Gesammelten Werken veröffentlicht sind (siehe Kaschnitz, 1985, S. 245-254 und S. 692-696). Ich werde mich hier nur auf die Texte beziehen, die Kaschnitz zu einem großen Kreis selbst ordnete.

3.2. Zur Auf- und Umbruchstimmung im Hintergrund des »Tutzinger Gedichtkreises«

Kaschnitz hatte im Januar 1951 einen »runden Geburtstag« gefeiert; sie war fünfzig Jahre geworden. Sie scheint voll positiver Aufbruchstimmung in diese Zeit hinein gegangen zu sein. So formulierte sie in ihrer Neujahransprache für das Jahr 1951 neue Aufgaben für ihre Gegenwart:

> »Die Gnade eines neuen Beginnens steht heute wie morgen über Mann und Frau, über Eltern und Kindern, über Menschen und Mitmenschen, über Freund und Feind. Was heute und morgen zwischen uns geschieht, Verzeihen und Verzichten, an Wahrung der Würde des anderen, bedeutet einmal den Frieden der Welt.« (Kaschnitz, 1989, S. 575)

Kaschnitz postuliert den Neubeginn nicht um des Genusses der Gegenwart willen. Das aktuelle Verhalten muss in ihren Augen primär ein Verhalten in Verantwortung sein, weil es Folgen für die Welt der Zukunft hat. Deshalb werden die Menschen, an die Kaschnitz appelliert, als Schöpfer und Schöpferinnen einer neuen Welt angesprochen. Sie selbst bemühte sich, der neuen Aufgabe nach ihren Kräften gerecht zu werden. 1950 hatte die Autorin einen Lyrikband mit dem Titel »Zukunftsmusik« veröffentlicht, der mit folgenden Zeilen aufhörte:

> »Zusammenklang, sagt sie, und Würde des Menschen und Freiheit
>
> Hoffnung, sagt sie, und Liebe, das süßeste Wort.« (Kaschnitz, 1985, S. 226)

Kaschnitz hat sich um das Jahr 1950 auch mit frühen Kunstwerken zur Schöpfung der Welt, mit Schalenzeichnungen, auseinandergesetzt und schreibt dazu:

> »Was spricht aus der Verankerung anderes als der Wunsch nicht verloren zu gehen, was bedeuten die Stufenberge, wenn nicht Treppen, auf denen die Götter auf- und absteigend die Erde mit dem Himmel verbinden.« (Kaschnitz, 1989, S. 564f.)

Kreuze, Hakenkreuze, Kreise und Würfel entziffert sie als Versuche früherer Generationen, sich ein Muster der Welt zu schaffen, das die Furcht vor dem Chaos milderte und auf das Leben zurückwirkte – »bildend und ordnend zugleich«, wie sie das formulierte (Kaschnitz, 1989, S. 562f.).
Diese Auseinandersetzung mit Schöpfungsmythen verstehe ich als einen Versuch, die eigene Existenz nach der Erfahrung des 2. Weltkriegs mental neu zu gründen. Kaschnitz stand mit diesem Bemühen nicht allein. Wie zur Bestimmung des aktuellen Ausgangspunkts hatte Gottfried Benn 1950 mit dem Gedicht »Fragmente« eine Bilanz vorgelegt. Nüchtern und skeptisch kann er den Menschen nur noch als brüchige, allein äußerlich zusammengebundene Gestalt beschreiben, dem die Substanz fehlt:

»Ausdruckskrisen und Anfälle von Erotik:
das ist der Mensch von heute,
das Innere ein Vakuum
die Kontinuität der Persönlichkeit
wird gewahrt von den Anzügen,
die bei gutem Stoff zehn Jahre halten.« (Benn, 2001, S. 365f.)

Für Kaschnitz, die von sich selbst und von anderen mehr als eine bloße Bestandsaufnahme verlangte, hatte sich in jener Zeit herauskristallisiert, dass die traditionellen sprachlichen und lyrischen Möglichkeiten nicht mehr genügten, um der Intensität der Erfahrung der Ruinierung der gewohnten Welt gerecht zu werden. So empfindet sie etwa die Gottesbeziehung als unangemessen, die bei Rilke um die Wende zum 20. Jahrhundert noch wie folgt zur Sprache kommt:

»und du, du bist aus dem Nest gefallen,
bist ein junger Vogel mit gelben Krallen
und großen Augen und tust mir leid.« (Rilke, 1974, S. 22)

Ein Gott, so harmlos, das er einem leid tun kann, wie einem ein verloren gegangener Vogel leid tut, war nicht mehr der Gott der Welt, mit der Kaschnitz um 1950 konfrontiert war.

3.3. Die Entscheidung für den Kreis

Kaschnitz konnte sich weder wie Benn mit einer bloßen Registrierung von Fragmentierung oder Vakuum abfinden noch bei einer schlichten Ablehnung der Tradition wie Rilke stehen bleiben. Zwar noch immer traditions-, nun aber deutlicher auch kontextbezogen scheut sie vor der Aufgabe der Destruktion obsolet gewordener Muster nicht mehr zurück, geht jedoch über die reine Negation hinaus, indem sie aus den für Wert befundenen Resten der Tradition neue »Welt«-Muster zu schaffen sucht.
Zwischen 1945 und 1950 hatte Kaschnitz bereits Gedichtzyklen wie etwa »Rückkehr nach Frankfurt« (1948) geschrieben. Erst mit dem Tutzinger Zyklus scheint sie jedoch in ihrer literarischen und/oder psychischen Entwicklung an den Punkt geraten, an dem sie sich zu einem bewussten Umgang mit dem Thema »Kreis« entschließen konnte. Nun wird bereits im Titel deutlich, dass es sich bei dem Tutzinger Text um einen »Gedicht*kreis*« handelt. Die Form »Kreis« gewinnt jetzt offenbar an Bedeutsamkeit und Aussagekraft.
Schon bei Rilke war allerdings die Sicherheit des lyrischen Ich, zur Vollendung des intendierten Kreises zu gelangen, verloren gegangen, heißt es doch in einem der ersten Texte seines »Buches vom mönchischen Leben«:

»Ich lebe mein Leben in wachsenden Ringen,
die sich über die Dinge ziehn.
Ich werde den letzten vielleicht nicht vollbringen,
aber versuchen will ich ihn.
Ich *kreise* (Hervorhebung E.G.) um Gott, um den uralten Turm,
und ich kreise jahrtausendelang ....« (Rilke, 1974, S. 9)

Auch Kaschnitz kann ihren »Kreis aus Worten« nicht mehr unverstört und ruhig als sich zur Rundung schließende Linie ziehen. Sie integriert – wie zu zeigen ist – Frakturen und Dynamik in diese Form. Nach 1945, nach dem Zusammenbruch auch herkömmlicher Ideale, kann offenbar nur noch eine den neuen Verhältnisse akkommodierte Kreisform die Funktion erfüllen, die sie – nach C. G. Jung – in psychotherapeutischer Sicht hat.
Kreis bedeutet im Sanskrit »Mandala« (Lurker, 1991, S. 454); zur Funktion von Mandalas heißt es bei Jung:

> »Zugleich dienen sie zur Herstellung der inneren Ordnung, und finden sich deshalb öfters, wenn sie in Bildserien vorkommen, unmittelbar nach chaotischen, konflikthaften und mit Angst gepaarten Zuständen. Sie drücken daher die Idee des sicheren Refugiums, der inneren Versöhnung und Ganzheit aus.« (Jung, 1995a, S. 406)

Berücksichtige ich diese Beobachtungen Jungs, dann mag Kaschnitz' Entscheidung für die Kreisform gerade 1951 – also sechs Jahre nach dem Ende des 2. Weltkrieges – ein Hinweis darauf sein, dass sie nun als Poetin und Zeitgenossin zu einem neuen Durchbruch findet. Ein Zyklus taugt nicht zum »Behelfsheim«. Er kann Poesie und Psyche nun offenbar ein (genug) schützendes »Nest« bieten.
Auf Photos aus Tutzing wirkt Kaschnitz übrigens keineswegs unsicher, sondern ungeachtet der oft als Zumutung (siehe dazu etwa Rossbach, 1999, S. 77) empfundenen Gedichte in ihrer Tasche selbstbewusst – so ihre Biographin Dagmar von Gersdorff (Gersdorff, 1992, S. 196f.). Kaschnitz stört sich zwar an der wachsend extravertierten Atmosphäre in Tutzing. Ihre Scheu führt jedoch nicht zum Rückzug (siehe dazu Kaschnitz, 2000, S. 376). Es blitzt in ihrem fünfzigsten Lebensjahr wohl das Profil einer Frau auf, das Helga Vetter in ihrer Untersuchung der Tagebuchprosa von Kaschnitz so beschreibt:

> »Vielleicht bedarf es auch einer starken bodenständigen Persönlichkeit wie Kaschnitz, um ... (dem – E.G.) Chaos des Unterbewusstseins gefahrlos ins Auge zu sehen. Eben dadurch kann sie schließlich damit umgehen.« (Vetter, 1994, S. 219)

3.4. Innovationen in Kreis und Kreatur

Das Motiv »Kommunikation« bestimmt sowohl die erste als auch die letzte Strophe des »Tutzinger Gedichtkreises«. So lautet die erste Zeile: »Zu reden begann ich mit dem Unsichtbaren...« In der letzten Strophe wird der »Gruß im Vorüber« skizziert, der »reich« sein soll. Der Tutzinger Text trägt also die Vokabel »Kreis« nicht nur in der Überschrift. Indem sie ein gemeinsames Motiv aufnehmen, schließen sich Anfangs- und Endstrophen des Gedichts zur Kreisform zusammen: Kaschnitz »malt« einen Kreis aus Worten. Trotzdem wiederholt – anders als bei einem wirklichen Kreis – das Ende des Gedichts den Anfang nicht. Der Text bildet nicht Stillstand oder ewige Wiederkehr, sondern einen innovativen Prozess ab. Steht nämlich zu Beginn – in der 2. Strophe – der schmerzhaft misslingende Dialog:

»Deine Stimme gellt mir im Ohr, zerreißt meine Eingeweide«,
so taucht am Ende die Vision einer glückenden Verbindung auf:
»Nisten werden sie in ihrer Heimatlosigkeit
und sich lieben in Tälern des Abschieds.«

Präziser ist der Tutzinger Zyklus daher mit dem Bild einer wendeltreppenähnlichen Spirale beschrieben. Solche Spiralen variieren die Kreisform, indem sie den Kreis, die Scheibe multiplizieren, dynamisieren, in die dritte Dimension aufbauen und nach oben öffnen.
Wie Kaschnitz die Kreisform kreativ verwendet, so »erzählt« sie im »Tutzinger Kreis« auch die Geschichte von der Erschaffung des Menschen – ein seit alters her im Rahmen des Kreises gestaltetes Thema – neu. Die Wahl dieses Themas (Menschwerdung) für ihren »Kreis« übrigens kann als ein weiterer Hinweis darauf gelesen werden, dass der Tutzinger Zyklus Ausdruck der inneren Wandlung seiner Autorin ist, die sich ihr Thema ja selbst gewählt hatte. Jung übrigens geht davon aus, dass für diejenigen, die den Kreis in chaotischen Entwicklungsphasen sowohl als »hegend« als auch als selbstgewähltes »Gefängnis« wahrnehmen, die Mandalas zu »*Geburtsstätten*, recht *eigentlich Geburtsschalen* (Hervorhebung E. G.), Lotusse, in denen ein *Buddha entsteht*« (Jung, 1995b, S. 145), werden.
In Kaschnitz »Kreis aus Worten« scheint eine »Buddha-Atmosphäre«, eine Stimmung friedlicher Gelassenheit allerdings lange fern. Anders auch als in der Weltgeburtsgeschichte der Bibel (»Und Gott sah an alles, was er gemacht hatte, und siehe, es war sehr gut«; Genesis 1, 31) ist in ihrer Kosmogonie primär das Chaos, das nicht gut ist, präsent. Bereits zu Anfang (2. Strophe) zeigt sich das Wort des »Schöpfers« – im Gegensatz zum biblischen Text – nicht als inspirierende Kraft. Es löst die Erstarrung nicht auf. Denn:

»Zu reden begann ich mit dem Unsichtbaren
Und sagte
Ich verstehe nichts
Ich bin wie ein Stein, ein Hindernis
glotzäugig fest« (Strophe 2)

Steine allerdings sind nicht nur mit Stagnation gleichzusetzen. Menschliche Neuschöpfung setzt in der griechischen Mythologie mit Steinen ein: Deukalion wünscht sich nach der alles zerstörenden Sintflut von den Göttern, neue Menschen schaffen zu dürfen, die dann aus den Steinen entstehen, welche er und seine Gefährtin Pyrrha hinter sich werfen (Hunger, 1980, Stichwort Deukalion).

Wenn Kaschnitz »ihre« Geschichte von der Schöpfung des Menschen nach der Verheerung durch Totalitarismus und Brutalität mit dem Motiv »Stein« beginnen lässt, so muss dies also nicht nur abgrundtiefe Niedergeschlagenheit symbolisieren. In der Versteinerung kann sich sehr wohl die Vorbereitung einer neuen menschlichen Einheit vollziehen. Dafür, dass das Symbol »Stein« Anzeichen einer positiven Entwicklung sein kann, spricht, was Jung zur Symbolik des Steins eruierte:

> »Die psychologische Untersuchung der historisch nachweisbaren Symbolik ergibt, dass der Lapis die Idee einer transzendenten Ganzheit darstellt, welche mit dem, was die komplexe Psychologie als ›Selbst‹ bezeichnet, zusammenfällt... Der Lapis ist eben eine Idee des Menschen, besser gesagt, *des inneren Menschen*, und die von ihm ausgesagten paradoxen Eigenschaften wollen eigentlich als eine Beschreibung und Definition des inneren Menschen gelten.« (Jung, 1995i, S. 133)

Allerdings vollzieht sich Kaschnitz' poetische Erneuerungsgeschichte des Menschen im Tutzinger Gedicht nur in gebrochener Anlehnung an Überlieferungen. So zitiert Kaschnitz zwar – wie bereits angedeutet – biblische Schöpfungsmythen. Sie grenzt sich zugleich jedoch davon ab und macht so auch die Distanz von gewohnten Erwartungen deutlich. Beispielsweise setzt Kaschnitz' »Schöpfungs-Text« nicht mit göttlicher, sondern mit menschlicher Rede ein. Die Tiere der Vorzeit, die die »Bühne« des Gedichts beleben, entstammen nicht der Natur, sondern sind Baukrane oder auch: »eiserne Fabeltiere, die ihre Greifarme schwingen durchs Blau des Himmels.« (Strophe 3)

Parallelen und Kontraste zu überlieferten Schöpfungsbildern finden sich nicht nur in den ersten Strophen des Tutzinger Zyklus. Ulrike Suhr zeigt, dass Kaschnitz' Gedicht zu Beginn seiner zweiten Hälfte Psalmen ähnelt, die die Schöpfung loben. Suhr nennt insbesondere Psalm 104, in dem die Schönheit der Schöpfung besungen wird, um die Größe ihres Urhebers zu preisen (Suhr, 1992, S. 250f.). Kaschnitz verwendet ähnliche Motive wie

der Psalm, etwa die imponierende Landschaft mit Bergen und Meer und die Vielfalt der Fauna. Suhr hat gleichwohl die Differenz zwischen Psalm und Gedicht herausgearbeitet: »Inmitten des furchtbaren accelerato, der Veränderung aller Zustände und der Heimatlosigkeit der Menschen gibt es eine Kontinuität: die Schönheit der Natur. Wie in Psalm 104 spricht ... (das Gedicht – E.G) ein Lob auf die Schöpfung aus, nicht aber auf den Schöpfer.« (Suhr, 1992, S. 251)
In 24 Strophen reflektiert Kaschnitz' Text die Folgen des Zerwürfnis' mit dem, den sie nicht mehr ansprechen kann, weil der »das alte Gespräch abgebrochen« hat (Strophe 7). Es kostet somit den größten Teil ihrer poetischen Energie, die Trümmer der alten Schöpfungsgeschichte beiseite zu räumen, bevor die Autorin die Skizze einer neuen Schöpfung wagt. Immerhin schlägt sie das Motiv »Erneuerung« explizit und noch rätselhaft bereits in der 3. Strophe an:

> »Alles gehörig der Erde. Aber das Neue,
> Eingeboren dem funkelnden Licht und der Windsbraut,
> Flüchtig wie lange schon der alte Atlas,
> hintreibend durch die Wolken heimatlos,
> Tanzend in magischen Schuhen – «

Aber nur die letzten vier Strophen widmet Kaschnitz direkt der Vision eines Dialogs, der – so die Hoffnung – in dem Maß gelingen wird, als »das Neue« ganz zuletzt konkreter hervortritt:

> »Fahrende werden sie sein. Freudige...
> Nisten werden sie in ihrer Heimatlosigkeit
> Und sich lieben in Tälern des Abschieds.« (Strophe 29)

Marie Luise Kaschnitz nimmt sich im »Tutzinger Gedichtkreis« außerordentlich viel Zeit, um die Bestände der alten Schöpfungsgeschichte zu sichten und sie sich – verwandelt – anzuverwandeln. Nur vorsichtig skizziert sie den noch ausstehenden Schöpfungsprozess. Gleichwohl mag auch für sie gelten, was Theodor Seifert denen zuschreibt, die sich »Schöpfungsgeschichten« zu eigen machen können:

> »Sie in sich als tragende Grundlage zu wissen, kann ein neues Vertrauen in das Leben begründen, trotz aller Unsicherheiten, auch wenn und gerade weil die Zukunft immer dunkel vor uns liegt... In jedem von uns findet dieser Schöpfungsprozess statt, er ist die verlässliche Grundlage des Selbstvertrauens und unseres Eingebundenseins in die Welt, ein Fundament, auf dem unsere Hoffnung gründet, auf dem sie wieder fest verankert werden kann, wenn sie verloren scheint.« (Seifert, 1986, S. 11)

4. Verwirrung im Kreis

Im Folgenden möchte ich exemplarisch beleuchten, wie Kaschnitz den Fragmentierungsprozess primär der biblischen Tradition im »Tutzinger Gedichtkreis« inszeniert. In der siebten Strophe wird mit der Referenz auf die Geschichte vom »Turmbau zu Babel« (Genesis 11) an einen Zerstükkelungs- und Differenzierungsprozess erinnert:

»Abgebrochen hast du das alte Gespräch ...
Wenn wir hingehen und tun, als wärest du gar nicht da,
Lässt du uns bauen den Turm bis zum obersten Stockwerk.
Stürzt ihn mit einem Nichts von Atem ein.«

Zum Thema »Zusammenbruch alter Kommunikationsmuster« kehrt die Autorin wieder und wieder zurück. So heißt es im Mittelteil des Gedichts.

»Mit denen, die Dich auf die alte Weise
Erkennen wollen, gehst Du unsanft um.«
Und in der fünfletzten Strophe heißt es:
»Du wirst Dich uns nicht mehr begreiflich machen
Nicht auflösen Deine Verwirrung.«

Dieser Verwirrung entsprechend wird die biblische Chronologie im Gedicht durcheinander gewirbelt. Die Erinnerung an das Sprachchaos (Genesis 11) sowie die Gefangenschaft Israels in Babylon von 587 – 538 v. Chr. (z.B. Psalm 137), an die Blütezeit der nachexilischen Jerusalemer Tempelkultur, die ihren Niederschlag z.B. in Ps. 145, 21 findet: »Mein Mund soll des Herrn Lob verkünden, und alles Fleisch lobe seinen heiligen Namen immer und ewiglich«, sowie an die Passionsgeschichte auf Golgota (Lk. 23) werden in einem Atemzug evoziert:

»Die Sprache, die einmal ausschwang, Dich zu loben,
Zieht sich zusammen, singt nicht mehr
In unserem Essigmund.«

Die eben zitierte Strophe schließt mit einer Zeile zusammengezogener, verkürzter Sprache: »Wurzel der Schöpfung. Gleichung Jüngster Tag«.
Hier wird die Sprache der Mathematik mit der Sprache der religiösen Überlieferung kombiniert. Die untereinander inkompatiblen sprachlichen Systeme verhaken sich, setzen ihre ursprünglichen Ordnungsgefüge außer Kraft und ergeben ein neues Resultat: Anfang und Ende sind nicht mehr unterschieden; ein Entwicklungsprozess hat offenbar trotz aller Evolution des Wissens nicht stattgefunden. Die jüngst vergangenen Tage haben als Urteil über die alte Schöpfung nur offen gelegt, wie viel Todesverfallenheit in deren Struktur steckte.

Ein Höhepunkt erreicht das Verwirrspiel der Dichterin mit tradierten Bedeutungen in ihrem Rückgriff auf die Exodus-Geschichte von der Speisung mit Wachteln (Numeri 11, 31f.) in Strophe 24. Kaschnitz verknüpft zuvor die Erfahrungen der Menschen, die Bombenangriffe in Kellergewölben überlebten, mit Jesu Auferstehungsgeschichte. Den »Auferstandenen«, »Trunkene vom Hauch der Erde und fortan nicht mehr« (Strophe 23) hält sie folgendes Schicksal vor:

»Denn Du wirst uns schlagen mit Wachsein.
Mit unaufhörlichem Blendlicht.
Auffindbar werden wir sein überall,
Auch im Rausch der Droge...« (Strophe 24)

Der Gott der Bibel sandte Wachteln. Er »schlug« nicht mit Wach-Sein, sondern mit einer »Plage« (Numeri 11, 31f.). Weder die Buchstaben des tradierten Wortes »Wachteln« bleiben hier beieinander, noch wird die Bedeutung des biblischen Textes beibehalten, auf den Kaschnitz anspielt. Aus den Traditionssplittern gewinnt Kaschnitz vielmehr ein neues Bedeutungsfeld: Wachsein, quälende Selbst-Erkenntnis und unerbittliche Nüchternheit sieht sie auf die zukommen, die den Kellern und dem Rausch der »Blut- und Boden-Ideologie« entrannen. Aber der neue »Sinn«, den Kaschnitz in den aufgefunden Textfetzen entdeckt, führt nicht zu Beruhigung. So wird den gerade »Auferstandenen« keine Erholung gegönnt. Sie werden vielmehr in eine blendende Helligkeit hereingerissen.

Die Frage ist, ob Kaschnitz' Ordnung auflösender »Kreis« noch bergende Qualität hat und als Gefäß für einen Neustrukturierungsprozess »taugt«. Die Mandalas, die Jung in »Zur Empirie des Individuationsprozesses« (Jung, 1995c) und in »Über Manadalasymbolik« (Jung, 1995a) zeigt, bestechen in der Regel durch Übersichtlichkeit beziehungsweise Symmetrie. Mandalas sind mehr als ein Kreis um ein Chaos. In Mandalas wird ein Kosmos – oder Abstraktionen des Kosmos – streng zentriert gestaltet (Riedel, 2002, S. 147). Gerade in der geordneten Zentrierung liegt die Wirksamkeit der Mandalas, die Ingrid Riedel wie folgt beschreibt:
»Wie die Mandalas den Makrokosmos widerspiegeln... so spiegeln sie zugleich auch den Mikrokosmos der menschlichen Psyche, sie sind Gottesbild und Bild des Selbst zugleich... Ordnet doch der Meditierende in der Betrachtung und inneren Visualisierung des Mandalas... auch seine eigene Psyche und versetzt sie in die gleiche Schwingungsfrequenz, die der dargestellten Gottheit entspricht.« (Riedel, 2002, S. 152)
An Kaschnitz' »poetischem Mandala« fällt dagegen die Verwirrung stiftende Dynamik auf. Die Dichterin spart weder Chaos noch Destruktivität aus. Ihr Verhalten ähnelt damit den rituellen Mustern, die Jung in seinem Kom-

mentar zur »Wandlungssymbolik in der Messe« behandelt. In dieser Untersuchung kommentiert Jung Fragmentierungsprozesse wie folgt:

> »Das Zerstückelungsmotiv gehört in den weiteren Zusammenhang der *Wiedergeburtssymbolik*. Deshalb spielt es auch eine bedeutende Rolle in den Initiationserlebnissen der Schamanen bzw. der Medizinmänner, welche zerstückelt und wieder neu hergestellt werden.« (Jung, 1995d, S. 244, Anm. 58)

Kreis und Chaos müssen sich demnach dann nicht widersprechen, wenn die Ruinierung der alten Ordnung als eine essentielle Phase in den Prozess der Neustrukturierung eingebunden werden kann.
Folgt man einer »objektstufigen Lesart« des »Tutzinger Gedichtkreises« dann lassen sich die dort verarbeiteten verbalen »Traditionstrümmer« zum einen als Reaktion auf die realen Ruinen in deutschen Städten lesen und zugleich als Hinweis auf die Zertrümmerung einer humanen Denktradition, die keine Orientierung mehr bieten konnte, weil sie sich als unfähig erwiesen hatte, der Inhumanität der Jahre 1933 – 1945 Einhalt zu gebieten. Subjektstufig gesehen kann die Zertrümmerung der gewohnten Bilder und Bedeutungshorizonte im »Tutzinger Gedichtkreis« als Ausdruck des Individuationsprozesses der Poetin begriffen werden, die in den Nachkriegsjahren in einen inneren Transformationsprozess geriet. Das Tutzinger Gedichtet bietet der Fünfzigjährigen offenbar eine Form (»Vas hermetica«) ihre

> »Wechseljahre«
> (»Ausfahrende sind wir geworden, Springer wie auf dem Mondball Wechseljährige ohne Gleichgewicht«, Strophe 10)

nicht bloß als biologische Zäsur zu registrieren, sondern als Chance zu einem qualitativen psychischen Sprung zu konzeptualisieren: »Fahrende werden sie sein. Freudige.« (Letzte Strophe)

5. Ringen mit dem ›alten Gott‹

Wer psychische und/oder äußere Erneuerung wagt, opponiert damit auch gegen die Systeme, in denen sie oder er bisher heimisch war. Zur Erneuerung gehört Separation und damit auch die Energie zur Aggression gegen das, was beim Vertrauten verharren will. Entsprechend wurden Kaschnitz' innovative Impulse von Tutzing als emotional und polemisch wahrgenommen. D. von Gersdorff erläutert: «Das aggressive Gedicht hat zur Grundhaltung den Trotz.« (Gersdorff, 1992, S. 198)
Mag sein, dass sich in Kaschnitz' Text auch noch das Kind zu Wort meldet, das all das Grauen herausschreit, von dem man in der Kindheitsfamilie nichts hören wollte. Trotz allein scheint mir zur Beschreibung der im Ge-

dicht gestalteten Haltung jedoch nicht zu genügen. Trotz wäre eine die eigene Verantwortung negierende, kindliche Position, die darauf hofft, die Vollendung der Schöpfung doch noch an den »unsichtbaren, ungeheuren Vater« delegieren zu können. Im Tutzinger Kreis geht es jedoch um die Lösung aus der Position des Kindes, das Verantwortung nicht gewachsen ist. Es geht die Geburt eines »erwachsenen Menschen«, der sich zur eigenen Stimmfähigkeit durchringt. Auf diesen schmerzhaften Prozess rekurriert die Autorin explizit in der vorletzten Strophe:

> »Jeder ... wird sagen, wie häßlich es ist, erwachsen zu werden.
> Und aufzubleiben in der Nacht, allein.«

Die Aggressivität des Gedichts gilt Handlungs- und Kommunikationsmustern, die sich als verhängnisvoll erwiesen, weil sie die einzelnen Menschen in eine kindliche Position der Ohnmacht, der Entmündigung und Passivität drängen. Bereits in der ersten Strophe wird das Bild des überlegenen, ja unerreichbaren und erste Aggressionen auslösenden Vaters skizziert:

> »Zu reden begann ich mit dem Unsichtbaren.
> Anschlug meine Stimme das ungeheure Du,
> Aber wen sprach ich an? Wessen Ohr
> Versuchte ich zu erreichen? Wessen Brust
> Zu rühren – eines Vaters?«

Wiederholt beschreibt Kaschnitz das Bild des autoritären Gottes, dem Menschen wie Spielzeug unterworfen zu sein scheinen, dessen Macht nur als Brutalität erlebt wird und der sich jeder Kommunikation entzieht. So heißt es beispielsweise in Strophe 7:

> »Abgebrochen hast Du das alte Gespräch.
> Wenn wir fragen, zu welchem Ende,
> Schweigst Du.«

Dieser Gott wird als einer erlebt, der Menschen keine Handlungsfreiheit einräumt, sondern ihre Bewegungen diktiert: »Jüngst noch scheuchtest Du uns zurück in der Erde.« (Strophe 24) Die »Gesprächspartnerin« dieses Gottes aber beginnt sich zu wehren, indem sie ihn imitiert und dabei seine Haltung modifiziert. Exemplarisch sei hier auf die 2. Zeile des Textes verwiesen (»Anschlug meine Stimme das ungeheure Du«), in der das Wort »Schlagen« zwar auch mit dem aggressiven »Aufbrechen« (»ein Faß anschlagen«) konnotiert ist. Es klingt jedoch auch das Bedeutungsfeld der sanfteren Welt der Musik an (»einen Ton anschlagen«).
Der »Tutzinger Gedichtkreis« setzt so das Bemühen des (lyrischen) Ich in Szene, sich dem Zugriff einer sich dem Dialog und Kooperation verwei-

gernden Instanz zu entwinden, indem der um eigene Souveränität ringende Mensch neue Dialogmuster und Denkprozesse erprobt.
Die Gesprächspartnerin des Gottes, der als unberechenbar, aber kontinuierlich als verzehrend erlebt wird,

> »Einmal ernährst Du Dich von Fleisch und Blut,
> Einmal vom Lobspruch.« (Strophe 15)

wird in diesem Prozess selbst zur Kämpferin. Ihr »Gotteskampf« kann längst auch von Theologen gewürdigt werden. So sieht der Theologe Manfred Haustein Jung und Kaschnitz auf einer Seite streiten (siehe dazu Haustein, 2001, S. 23-25). Die von zwei Menschen unabhängig von einander, aber gleichzeitig entwickelte Kritik am tradierten Gottesbild ist für ihn ein Indiz dafür, dass Kaschnitz' poetische »Debatte um Gott« situationsadäquat war:

> »Der Gotteskampf Marie Luise Kaschnitz' (unwillkürlich stellt sich die Assoziation mit Jakobs Gottesringen am Fluss Jabok die Nacht hindurch bis zur Morgenröte (1. Mose 32, 23-33) ein) ist also nicht von ungefähr und nicht etwa eine exzentrische Marotte.« (Haustein, 2001, S. 25)

Jakob erweist sich im Kampf seinem göttlichen Gegner als so ebenbürtig, dass er diesen zwingen kann, ihn zu segnen. Erst danach wird Jakob zum Stammvater seines Volkes. Die Schwellensituation am Jabok wird somit zum Ort der Geburt des »erwachsenen«, des sich seiner selbst bewusst werdenden Jakob.
Genauso kann der »Tutzinger Gedichtkreis«, dieser verbale Gotteskampf, als ein Ort der *Bewusstwerdung* verstanden werden. Kaschnitz »kämpft« jedoch nicht mit »Gott«, um sich schließlich doch von einem gütigen Vatergott segnen zu lassen und damit diese Form der Autorität erneut zu bestätigen. Diametral unterscheidet sich ihr Text von dem Gedicht einer jungen Deutschen (entstanden zu Beginn der 50er-Jahre), das Jolande Jacobi dokumentiert hat. Im Text der Patientin von Jacobi wird die Rückkehr einer überwältigenden Instanz ersehnt, die kompensatorisch auf erlittene Verwundungen reagieren kann:

> »Wenn ...
> der sanfte Gott
> aus Nazareth ...
> sich sterbend
> in die Grube legt, ...
> Starker,
> dann kommt deine Zeit!
>
> Brausenden Atems,
> Herr der Winde,...

treibst die Wogen,
Wüterich, vor dir her...
Glühender Gott,
in deinem Wahn
lechzt meine Seele
zu vergehn ...« (Jacobi, 1969, S. 220)

Die Autorin dieses Textes ist mit dem Aggressor in Gestalt eines wütenden (Vater-)Gottes identifiziert. Sie scheint nicht über eigene Struktur gewährende Ressourcen zu verfügen, um die Destruktivität in eine heilende Kraft zu verwandeln. Kaschnitz dagegen sucht Halt nicht in der Anlehnung an einen patriarchalen Gott. Bei ihr kann es –formuliert in der Sprache C. G. Jungs – um die Transformation des Vater-Komplexes gehen. Zwar kann auch Kaschnitz als »Vater-Tochter« gelten, wie sie Verena Kast in ihrem Buch über »Vater-Töchter, Mutter-Söhne« (Kast, 1994) beschreibt. Als Hinweis auf den *positiven Vaterkomplex* der Dichterin muss hier ein Ausschnitt aus dem Gedicht »Bollschweil« genügen, das Kaschnitz ca. zwanzig Jahre vor dem »Tutzinger Gedichtkreis« schrieb:

»Dort in den Wäldern, wo Vater du lebensvernichtend
Leben beschützend gewaltet nach alten Gesetzen,...
Schloß sich der Kreis, der geheime, umschloß uns für immer
Und wir erkannten dich tiefer, da jäh du entrückt uns
Standest erschüttert am ewigen Quell deiner Kraft.«
(Kaschnitz, 1985, S. 15)

Nach Kast sind »Vater-Töchter« charakterisiert durch eine intensive Traditionsgebundenheit, durch einen vorsichtigen, den Prinzipien des Väterlichen verpflichteten Gebrauch ihres Intellekts, einer starken Abhängigkeit von väterlich-männlicher Wertschätzung und einer nur zaghaften Bereitschaft, für sich selbst – ohne schützenden väterlichen Rückhalt – Verantwortung zu übernehmen. Ein eigenständiges exploratives Verhalten werden »Vater-Töchter« jedoch entwickeln können, wenn es ihnen gelingt, ihre Einstellung zum Weiblichen zu transformieren (Kast, 1994, S. 187), und wenn sich im Bereich dessen, was traditionell in Jungscher Terminologie »Animus« genannt wird, Differenzierungen vollziehen. Dieser Komplex kann sich – so Kast – von der Prägung durch väterliche Vor-Bilder lösen und sich mit dem Ich-Komplex der Frau neu so vernetzen, dass sie zu mehr Souveränität und reflektierter Selbstbehauptung in der Lage ist:

»Geistiges Inspiriert-Sein, Höhenflüge werden ebenso sehr mit Animus assoziiert, als die Qualitäten, sich konzentriert und aggressiv auf etwas zu stürzen. Vaterkomplex und Animus differenzieren sich aus, und je deutlicher die verschiedenen Animuskonfigurationen nicht mehr vom Vaterkomplex – dem persönlichen und dem kollektiven – beeinflußt sind, um so kreativer werden Menschen.« (Kast, 1994, S. 195)

Die Erfahrung von Holocaust, Faschismus und Krieg hat die »Vater-Tochter« Kaschnitz früh erschüttert. Der Prozess der Separation von der väterlichen Werte-Welt konnte sich bis zum Sturz des totalitären Regimes 1945 nur unter dem Deckmantel der Traditionsverbundenheit vollziehen. In der vehementen »Debatte« mit dem Vater-Gott des »Tutzinger Gedichtkreises« wird an der inneren Differenzierung der Vater-Prägung von Kaschnitz bewusster gearbeitet, indem sie ihr Bemühen um Neuorientierung nun poetisch provozierend formuliert.

Sie wurde dabei als störend erlebt. Aber Kaschnitz störte nicht nur die anderen. Sie war selbst verstört. Auch für sie trifft zu, was Jung im Blick auf Frauen schrieb, die – gefangen im erotisch gefärbten positiven Mutterkomplex – Anstoß erregen:

> »Die Frau, deren Schicksal es ist, Störerin zu sein, ist nur in pathologischen Fällen ausschließlich destruktiv. Im Normalfall ist sie als Störerin selbst von der Störung ergriffen, als Wandlerin wird sie selbst gewandelt...« (Jung, 1995e, S. 110)

Die provozierende »Vater-Tochter« Kaschnitz macht sich im Gedicht selbst auf den Weg der Läuterung, indem sie zwischen den lebensverneinenden Anteilen der patriarchalen Tradition und solchen unterscheidet, die sie als für ein Leben voller Bezogenheit förderlich erachtet. So führt sie in Strophe 10 die Zwiespältigkeit des »Nicht-mehr-für-schuldig-gehalten-Werdens« vor Augen:

> »Fortgenommen hast Du uns unsere Schuld,
> an die wir uns halten konnten, das Bleigewicht
> Und ausgelöscht das finstere Gegenbild,
> Dem wir entrinnen konnten in Deinen Schoß.«

Kaschnitz bezieht sich auf die Vaterunser-Bitte »Vergib uns unsere Schuld«, die offenbar überflüssig geworden ist. Schuld scheint mit der Instanz, die sie vergeben könnte, verschwunden. Das damit entstandene Vakuum wird nicht als Befreiung erfahren, sie führt vielmehr in Haltlosigkeit. Wem das »Bleigewicht« Schuld genommen wurde, der gerät ins Taumeln. Ihm oder ihr mangelt es sowohl an einem abschreckenden Bild des Grauens als auch an einem Zufluchtsort vor dem Grauen. Diejenigen, von denen niemand mehr Rechtfertigung zu verlangen scheint, sind völlig sich selbst überlassen, was nur das Gefühl des Verlassen-Seins verstärkt. Darum wird die »Beterin« des Gedichts zur Anklägerin des Schuld fortnehmenden und Chaos hinterlassenden Gottes. Sie hört schließlich sogar auf, einem Vater gefallen zu wollen, dem an selbstbewussten Dialogpartnern nichts liegt, denn:

>»Unsere gelähmten Zungen sind Dir lieber
> Als die tanzenden Flammen Deines Pfingstwunders...« (Strophe 15)
> Dieser Vater wird nicht mehr durch Hymnen gewogen gestimmt:
> »Die Sprache, die einmal ausschwang, dich zu loben
> Zieht sich zusammen, singt nicht mehr...« (Strophe 12)

Indem im »Tutzinger Gedichtkreis« der Gott angeklagt wird, der sogar seine Ansprüche aufgegeben zu haben scheint, verabschiedet sich Kaschnitz doch zugleich von der Sehnsucht nach einer entlastend-entmündigenden Instanz, an die sich einst delegieren ließ, was man selbst nicht zu richten vermochte. Sie macht in der Zertrümmerung der Tradition dennoch Spuren von Kostbarkeiten aus, die bewahrenswert sind wie den Wert einer Schuldbewusstheit, die zwar wie ein »Bleigewicht« lasten kann, die dennoch aber Orientierung ermöglicht. Die Protagonistin des Gedichts gibt schließlich zu bedenken:

> »Und manchmal kommt es uns vor, als müßten wir
> Vor Dein Angesicht bringen alles, was Du gemacht hast.
> Es aufzuheben gegen Deine Kälte.« (Strophe 19)

Wenn sie (respektive das lyrische Subjekt) hier selbst schützende Aufgaben übernimmt, die einst dem Vater zugeschrieben wurden, so möchte ich dies als einen Hinweis auf den veränderten Umgang der Autorin des Gedichts mit ihrer inneren Bindung an den väterlichen Bereich verstehen. Zusammenfassend lässt sich an dieser Stelle festhalten: Marie Luise Kaschnitz, die »Kämpferin mit dem alten Gott« gestaltet im »Tutzinger Gedichtkreis« die Bewusstwerdung und die Distanzierung von herkömmlichen Strukturen der Liebesunfähigkeit, sowie die Bewahrung positiver Potentiale der tradierten Strukturen (z.B. das Wissen um die Möglichkeit, an Menschen schuldig werden zu können) und die Einsicht in die Ähnlichkeit mit einem Gott, auf den menschliche Liebesunfähigkeit projiziert werden kann (siehe dazu Abschnitt 6).

Intensiv präsentiert die Poetin die Mühe um die Emanzipation aus den Schattenseiten der Kommunikation sowie Kooperation und Empathie verweigernden Vater-Gottheit. Wie aber gelingt es ihr, die Geschichte des »Steins«, der »Gott« gegenüberliegt, als die Geschichte von der Schöpfung des beziehungsfähig werdenden »Ich« zu »erzählen«?

6. Aber das Neue

6.1 Windsbraut und himmlischer Bräutigam

Vater-Töchtern, die – wie Kaschnitz – die bisher für sie gültigen Werten der Kritik unterziehen, bleibt es oft nicht erspart, die Augen für ein menschliches Verhalten aufzumachen, das ihnen fremd geworden ist, und das sie zugleich als erschreckend nah erkennen müssen. Kaschnitz schreckt davor letztlich nicht zurück. Gleich in der 2. Zeile des »Tutzinger Gedichtkreises«, wird der, mit dem das »Gespräch« gesucht wird, »das ungeheuere Du« genannt. Der, der dessen Väterlichkeit in Frage gestellt wird (»Wessen Brust zu rühren – eines Vaters?«) wird als ungeheuer, vielleicht sogar als »Ungeheuer« erlebt. Gegen Ende des Gedicht spricht sie so von den »Sterblichen«, dass auch deren »Ungeheuerlichkeit« klar aufscheint:

> »...wir, die Lieblosen dieser Erde....
> Die Häßlichen...
> Die Rastlosen ...
> Die Wortlosen ...
> Die Schweren ....« (Strophe 27)

Der Erkenntnis eigener »Ungeheuerlichkeit« erweist Kaschnitz sich gewachsen, wohl weil sie in ihrer poetischen Arbeit neue, leichtere Geschöpfe auftauchen lassen kann. In den ersten vier Strophen der »Tutzinger Kreises« deutet sich dies nur an:

> »Alles gehörig der Erde. Aber das Neue,
>   Eingeboren dem funkelnden Licht und der Windsbraut,
>   Flüchtig wie lange schon der alte Atlas,
>   Hintreibend durch die Wolken,
>   Tanzend in magischen Schuhen –
>   ...
>   Wer öffnet zwischen Tod und Tod die Gasse
>   Gleitet ihr Sterblichen –«

Ich möchte mich zunächst auf die »Erkundung« des »Urpaares« der neuen Schöpfung konzentrieren, das zwar als »heimatlos« in den Wolken treibend beschrieben wird, dessen tanzende Bewegungen aber doch als tendenziell vorbildlich für die »Sterblichen« gelten müssen, wird denen doch das »Gleiten« empfohlen.
Das »Neue« wird als Kind eines »Paares« aus »funkelndem Licht und der Windsbraut« präsentiert. Dieses Paar skizziert Kaschnitz nur flüchtig. Es wohnt nicht mehr wie das paradiesische im Garten Eden, sondern ist »flüchtig wie lange schon der alte Atlas«, der als paradigmatische Figur der

belasteten Menschheit gelten kann. Das »flüchtige Paar« mag an Josef und Maria denken lassen, die mit ihrem »eingeborenen« Sohn Jesus nach Ägypten geflüchtet sein sollen. Allerdings gehört das Paar, das Kaschnitz skizziert, nicht wie das Paar aus Nazareth zur Erde. In Kaschnitz' Tutzinger Vision ist das Paar »hintreibend durch die Wolken«. Es erinnert damit an das 1913 entstandene Bild von Oskar Kokoschka »Die Windsbraut«, das für das Ehepaar Kaschnitz Ausdruck ihrer innigen Verbundenheit gewesen ist (siehe dazu Marbacher Magazin, 2001, S.102; Gersdorff, 1992, S. 53 und 228). Um zu belegen, welchen Eindruck das Gemälde vermitteln kann, zitiere ich einen Ausschnitt aus einem Roman von Hilde Berger über O. Kokoschka und A. Mahler:

> »An einem Sonntagabend Ende Juni war sein Meisterwerk fertig. Das Boot schwebte zwischen Himmel und Wasser, ... Die Frau ruhte so glücklich und voller Vertrauen in den Armen des Mannes, jedes weitere Hinzugeben von Farbe würde sie wecken. Der Blick des Mannes schien in der Ferne etwas zu erahnen, das ihm Sorge bereitete. Noch war dieses ... weit weg.« (Berger, 2001, S. 152)

Erdenferne und Zusammengehörigkeit zeichnen auch das Paar aus, dem Kaschnitz im »Tutzinger Gedichtkreis« die Utopie zutraut. Dies jedoch ist ein Paar aus reiner Energie: Die »Partner« Licht und die Braut der bewegten Luft, die »Windin« oder auch die »Windhexe« (zur Bedeutung vgl. Wahrig, 1975) haben sich gefunden. Energie – Licht oder Wind – ist das zentrale Motiv, wo immer Weltentstehung thematisiert wird. So formuliert Rilke:

> »Dein allererstes Wort war: Licht...
> Dein zweites Wort war Mensch und bange« (Rilke, 1974, S. 37)

Auf den ersten biblischen Zeilen (Genesis 1,2f.) tritt der Gott Israels ebenfalls als Erleuchtender hervor: »Und Gott sprach: Es werde Licht!« Generell gilt Licht als zentrale Eigenschaft mediterraner und indogermanischer Gottheiten. Dazu Manfred Lurker: »Der Name der indogermanischen Himmelsgötter Dyaus, pitar Zeus, Jupiter sind von dei – ›leuchten‹ abzuleiten.« (Lurker, 1991, Stichwort: Licht)
Im griechischen Mythos von Eurynome, wird diese »Göttin aller Dinge« als Urheberin der Schöpfung besungen. Sie tanzt und wirbelt Wind auf, den sie durch Reiben zur Schlange Ophion »materialisiert«. Ihrer Verbindung mit dieser »Windschlange« entstammt das Weltenei, aus welchem alles Sein schlüpft (Graves, 2000, S. 22f.).
Wäre der Tutzinger Text ein Traum, dann ließe sich das schemenhafte Paar aus Licht und Windsbraut als archetypisches Bild für das »Selbst« begreifen, das sich kompensatorisch zu Grauen und Fragmentierung konstelliert, um eine neue Ordnung zu schaffen, in der Antagonismen nicht zum gegen-

seitigen Ruin führen, sondern eine neue starke Basis bilden. Die Frage ist allerdings, ob die Vision eines Paares aus rein erhellender und lebensspendender Energie nicht zu idyllisch ist, um eine Form für die realen Spannungen zu gewähren, mit denen sich die Autorin auseinanderzusetzen hatte.

Ein Blick auf frühe Kaschnitz-Texte lehrt, dass sich die Dichterin der Bipolarität ihres »Energie geladenen« Paares bewusst war. So formulierte sie 1938 im Gedicht »Chemin de l'Annonciade«:

»Die Lider senkt ich vor dem Schwall des Lichts.
Das große Meer lag tief zu meinen Füssen.
Ich stand und lächelte. Ich wußte nichts.« (Kaschnitz, 1985, S. 97)

Licht wird hier in seiner bewusst machenden Qualität und in seiner überwältigenden Wirkung wahrgenommen. Die Lider müssen gesenkt werden. Die Lichtfülle blendet, aber sie verletzt nicht. Die aggressive Kraft des Lichts wird nicht geleugnet, aber auch nicht destruktiv erlebt.

Der weibliche Pol des neuen »Ursprungspaares« – die Windsbraut – gilt in der deutschen Poesie nicht – wie in den zitierten Mythen – als lebens schaffende Gestalt. Sie wird etwa bei Trakl als »Todesmutter« beschrieben:

»Golden lodern die Feuer
der Völker rings
Über schwärzliche Klippen
Stürzt todestrunken
Die erglühende Windsbraut...« (Trakl, 2000)

Kaschnitz hatte sich bereits Anfang der 40er-Jahre mit der destruktiven Energie auseinandergesetzt, die im Umkreis der Verbindung von Wind und Weiblichkeit virulent ist. Sie hatte in ihrer Nacherzählung des Mythos der Eos, die als »Mutter der Winde« menschliche Männer zu verzaubern versteht, diese jedoch nicht nur als mörderische Magierin, sondern auch als Retterin ihres Sohnes Memnon gezeichnet:

»Denn wie einst die Helden geraubt wurden, um der schönen Zauberin ganz zu gehören, so wird nun auch Memnon auf wunderbare Weise entführt. Noch ehe er den Weg ins Schattenreich antritt, schickt Eos ihre Boten... Während die glühende Asche des Scheiterhaufens aufwirbelnd ihre Kreise zieht... ist der Tote von den geflügelten Genien schon aufgehoben und fortgetragen in die Gefilde des Lichts.« (Kaschnitz, 2001, S. 166)

Sowohl zum »funkelnden Licht« als auch zur »Windsbraut« gehört eine gefährlich aggressive Seite; beide aber sind für Kaschnitz der Wildheit ihrer Aggression nicht unterworfen, sondern können damit konstruktiv umgehen. Die Aggressivität, die im Gedicht formuliert wird, steht also nicht im Widerspruch zu dem dort gestalteten kosmischen Paar. Dieses Paar

scheint vielmehr mit der beschriebenen Aggression »vertraut« und ihr gewachsen zu sein.
Das kontrastreiche Bild dieses »blendenden«, aber auch »erleuchtenden« sowie »wirbelnden«, aber auch »kreativen« Paares scheint mir stark genug, den Archetyp des Selbst zu symbolisieren. Bilder dafür müssen belastbar sein, denn mit dem Archetyp des Selbst ist Eindimensionalität oder reine Idylle nach C. G. Jung gerade nicht verbunden: »Das Selbst als ein Symbol der Ganzheit ist eine coincidentia oppositorum, enthält also Licht und Finsternis zugleich...« (Jung, 1995f, S. 469)
Wichtig ist mir gerade Jungs Hinweis auf die *Gegensatzspannung* in archetypischen Bildern des »Selbst«, denn der öffnet die Augen auch für die enormen Spannungen im Hintergrund von Kaschnitz' flüchtig wirkender Skizze des »Neuen«. Bleibt der Blick nur an der Ästhetik der Anfangspassagen des Gedichts hängen, dann können Kaschnitz' innere Konflikte übersehen werden, die sie damals dazu zwangen, nach einer neue Basis für ihr eigenes Leben sowie für das ihrer Generation zu suchen.
Getroffen von Schuldgefühlen wegen des versäumten Engagement für die Opfer des Faschismus, aber auch getroffen von Trauer über die Zerstörung einer vertrauten Welt, die sich zudem als grausam enthüllt hatte, konstellierte sich offenbar bei Kaschnitz zunächst noch sehr vage – symbolisiert durch ein kosmische Paar –, was Jung den »Archetyp des Selbst« nennt. Kaschnitz drang damit vor zu einem Bild einer erneuerten inneren »Ganzheit«. Damit verbunden war die Chance zur veränderten Beziehungsfähigkeit sowie zur Kraft, wahrzunehmen, was schmerzt. Mit dem psychischen Wachstum wuchs Kaschnitz auch eine neue Aufgabe zu, was nach Jung als »normal« für wirkliche Entfaltungsprozesse gelten kann:

> »Diese Idee (der menschlichen Ganzheit – E. G.) hat zunächst therapeutische Bedeutung, indem sie denjenigen psychischen Zustand begrifflich zu erfassen trachtet, welcher sich aus der Überbrückung einer Dissoziation, nämlich der Distanz zwischen Bewusstsein und Unbewusstem ergibt... Das Bewusstsein erfährt vor allem eine Erweiterung durch Herausschiebung seines Horizonts. Dieses bedeutet zunächst eine wesentliche Verbesserung der psychischen Gesamtlage, indem die Störung des Bewusstseins durch die Gegenposition des Unbewussten beseitigt wird. Dafür wird aber ... der vordem unbewusste Konflikt bewusst gemacht und damit das Bewusstsein mit einer schweren Hypothek belastet, denn jetzt ist die Lösung des Konflikts von ihm erwartet.« (Jung, 1995g, S. 325)

Die neu gewonnene innere Ganzheit könnte den Schaffensmut erklären, zu dem Kaschnitz mit Beginn der 50er Jahre befreit wurde. Die Bewusstheit verdrängter Konflikte in einer Welt, der vor allem Schuldbewusstsein zuzumuten war, macht Kaschnitz' Position jedoch auch schwer.

6.2. Liebe zwischen dem himmlischen Bräutigam und den »Lieblosen dieser Erde«

Zu Beginn des Tutzinger Gedichtkreises zeichnet sich die neue Struktur

» ...Aber das Neue
Eingeboren dem funkelnden Licht und der Windsbraut«

erst skizzenhaft ab. Dies scheint mir aus der Sicht der Analytischen Psychologie konsequent, gehört diese »Syzygie« doch einer derart archaischen Schicht an, dass es der Welt des gewohnten Bewusstseins und deren Sprache unweigerlich »fremd« sein muss.
In den letzten vier Strophen des Gedichts tauchen erneut Paare auf. Die Gegensätze zwischen den Partnern des ersten »Paares« scheinen unüberbrückbar. Es sind hart anmutende Anforderungen, die schließlich neue Verbindungen anstoßen.
Die Szene, die mit den Zeilen beginnt:

»Und dennoch wirst du fordern, dass wir Dich
Beweisen unaufhörlich, so wie wir sind.
In diesem armen Gewand, mit diesen glanzlosen Augen,
Mit diesen Händen, die nichts mehr zu bilden verstehen,
Mit diesen Herzen ohne Trost und Traum.« (viertletzte Strophe)

erinnert an den Vorkriegstraum von 1938, in dem Jesus Heirat und Leben von einer hexenhaften Großmutter verweigert wurde. Der »Jesus« der Nachkriegszeit zeichnet sich nicht mehr durch Gefügigkeit aus. Wundmale tragend (Strophe 25) gleicht er dem auferstandenen Helden, der souverän Forderungen zu stellen vermag.
Das »ungleiche Paar« aus »Kreaturen ohne Herz und Traum« und dem, dessen »lautlose Stimme Kraft« hat (Strophe 26), scheint sich allerdings in einem Punkt zu gleichen: Die der Wandlung Bedürftigen haben wie der, der »die Wunden seines alten Opfergangs trug«, die »Todesmutter« Erde kennengelernt, beschrieb die Dichterin sie doch als »zurückgescheucht« in eine Erde, die von »Salzen und Säuren« (Strophe 25) getränkt ist. Die der Erde Entronnenen stehen gleichwohl nicht als Ebenbild, sondern als Gegenbild vor dem, der Wandlung von ihnen fordern wird.
Die Sprecherin des Gedichts formuliert längst in der 1. Person Plural; sie versteht sich als Sprachrohr einer ganzen Generation. Diese Repräsentantin erhebt am Ende des Gedichts nicht mehr nur Klage über die Beziehungsunfähigkeit des »alten Gottes«. Wie schon erwähnt, zeigt sie, dass sich in ihrem verbalen Gottes-Kampf eigene Beziehungsunfähigkeit bewusst gemacht hat:

»Verlangen wirst Du, dass wir, die Lieblosen dieser Erde,
Deine Liebe sind.
Die Häßlichen Deine Schönheit.
Die Rastlosen Deine Ruhe
Die Wortlosen Deine Rede
Die Schweren Dein Flug.« (Strophe 27)

Nachdem sich in den *ersten* vier Strophen des Tutzinger Textes als Gegenbild zu den Erfahrungen der lebensvernichtenden Strukturen rettend das Bild des archaischen Liebespaares eingestellt hatte, wächst am Ende also – wurzelnd im tiefer liegenden ›Grundmuster‹ des Hierosgamos und gestärkt durch die bewusst geführt Auseinandersetzung mit den zerbrochenen und zerbrechenden Mustern – Mut zur Schonungslosigkeit sich selbst gegenüber in der Protagonistin heran. Die erweiterte Selbst-Erkenntnis muss allerdings nicht in Selbstaufgabe enden. Denn das irdische Geschöpf, das im Gedicht spricht, sieht sich durch den Anspruch des »Gottessohnes« (»Verlangen wirst Du ...«) mit einem Entwicklungsanspruch konfrontiert.
Stammte die geschilderte Szene zwischen dem Wandlung fordernden und also wieder kommunikationsfähigem »Gott« oder »Gottessohn« und den »Hässlichen dieser Erde« aus einem Traum, so könnte sie als Gestaltung eines Dialogs zwischen Traum-Ich und einem »Boten«, einer Personifikation des Unbewussten, gelesen werden.
Ich schlage vor, diese Passage des Gedichts als traumähnliche Szene zu lesen, weil damit die Offenheit des »Ich« einleuchtend wird, die Kaschnitz im Gefäß des Gedichts gestaltet. Das Traum-Ich zeichnet sich durch besondere Möglichkeiten aus, die Klaus Uwe Adam wie folgt beschreibt:

»Das Traum-Ich ist ein durch Abaissement modifiziertes Ich. Mit der Abnahme der Bewusstseinshelligkeit beim Übergang vom Ich zum Traum-Ich können die im Tageserleben verfügbaren hochdifferenzierten Fähigkeiten... z.T. verloren gehen. Das Traum-Ich kann aber auf der anderen Seite im Kontakt mit dem Unbewussten eine Erweiterung erfahren. Es ist aufnahmebereiter für das nächstliegende Unbewusste und kann Elemente, die dem Ichbewusstsein bisher unbekannt waren, als zu sich gehörig aufnehmen, also inkorporieren.« (Adam, 2000, S. 270f.)

Im Gedicht werden Dichtende nicht zu Träumenden; aber weil im ästhetischen Prozess der Zwang zur Bewältigung des unmittelbaren Alltags partiell außer Kraft gesetzt ist, gehe ich davon aus, dass das dort sich einstellende »Ich« als eine dem Traum-Ich vergleichbare *Konfiguration des Ich-Komplex*es gelten kann. Ich sehe nun Parallelen zwischen der »Traumszene« gegen Ende des Tutzinger Textes und der Verkündigungsszene des Isenheimer Altars von Matthias Grünewald. Irene Lüscher hat diese Szene so kommentiert:

> »Dieser Engel ist ein Einbrecher, in ihm stürzt Gott aus der Transzendenz auf das Mädchen Maria zu, so heftig, dass ich mehr an eine Vergewaltigung denn an eine Verkündigung denken muss. Sein Gewand ist von Gottes Pneuma bewegt, sowohl die erhobene Hand mit den ausgestreckten Fingern wie der hochgewehte Zipfel seines Mantels dringen phallisch auf Maria ein,... Gottes Zuwendung erscheint in diesem Bild schrecklich, als überwältigender Engel... nicht ein ›starkes Ich‹, sondern eine ebenbürtige Emotion scheint die adäquate Antwort auf Grünewalds unheimlichen Verkündigungsengel zu sein.« (Lüscher, 1995, S. 49f.)

Lüscher konstatiert, dass ein »Dialog zwischen dem Ich und dem Unbewussten« oft – anders als es bei Jung in seinen Überlegungen zur transzendenten Funktion angelegt scheint – mit heftigsten Erschütterungen einhergeht.

In Kaschnitz' Tutzinger Text bricht kein stürmischer Erzengel ein. Die Szene zwischen dem »Gott« der letzten Strophen und den »Lieblosen dieser Erde« trägt gleichwohl einen sexuellen Unterton. Den, der verlangt, dass seine irdischen Gesprächspartner »seine Liebe« werden, möchte ich auch deshalb (und nicht nur wegen der Anklänge an den Jesus-Traum nach der Reichspogromnacht) einen »himmlischen Bräutigam« nennen. Dieser »himmlische Bräutigam« wirkt allerdings nicht eindringend. Er wirkt wegen der Unbedingtheit seiner Ansprüche dennoch gewaltig. Die Qualität dieser »Begegnung« entspricht damit Lüschers Hinweis, dass dem »Ich« das Unbewusste verstörend entgegenkommen kann.

Entscheidend für den Umgang mit der Dynamik des hervorströmenden Unbewussten scheint mir, ob diese Energie sich in einer Form, einer Symbolik ergießt, die die Fähigkeit des Ich, sich mit dem Neuen auseinanderzusetzen, nicht zerstört. Symbole mit transzendenter Funktion ermöglichen einen Prozess, in dem die Energie des Unbewussten differenziert und differenzierend aufgenommen werden kann. Jung übrigens geht (und damit sehr wohl vor der Intensität des Dialogs warnend) davon aus, dass der »innere Dialog« keiner Badekur gleichkommt, den »Ich« und »Unbewusstes« im Umkreis Innovation ermöglichender Symbole führen können. Er schreibt:

> »Die Auseinandersetzung mit der Gegenposition ist eine ernsthafte Sache, von der bisweilen sehr viel abhängt... Das Ernstnehmen (der anderen Seite – E.G) bedeutet soviel... als eine Krediterteilung ans Unbewusste, dem sich damit die Möglichkeit der Kooperation an Stelle einer automatischen Störung des Bewusstseins eröffnet.« (Jung, 1995h, S. 105)

In der Schlußvision des »Tutzinger Gedichtkreises« kann sich das »Ich« (oder das lyrische Subjekt bzw. das Ich der Textautorin) offenbar auf einen Veränderung provozierenden Dialog einlassen. Dies m.E. vor allem deshalb, weil der »himmlische Bräutigam« – wie der Erzengel ein »Bote des

Unbewussten« – nicht nur furchterregend ist. Er bleibt für die geschundene Kreatur der unglaublich Begehrenswerte. Er wird erkennbar als ein Sehnsuchtsbild, dem die Dichterin »Schönheit, Ruhe, Rede- und Flugfähigkeit« (Strophe 27) zuschreibt. Nicht auszuschließen ist, dass sich in der Gestaltung dieses »himmlischen Bräutigams« die Faszination der überraschend schönen Jesusgestalt aus Kaschnitz' Traum vom Herbst 1938 wieder belebte. Die von dieser Faszination entfachte emotionale Energie könnte erklären, warum sich »die Hässlichen dieser Erde« am Ende doch den »Zumutungen« des unerbittlich liebenden himmlischen Bräutigams zu öffnen scheinen. Der »Gesprächspartner« der letzten vier Strophen unterscheidet sich jedenfalls diametral von dem flüchtenden »Gott« der ersten vier Tutzinger Strophen. Der »unerbittliche« Partner des Schlußteils zeichnet sich durch liebenswerte Ideale aus. Wohl deshalb kann er – ähnlich wie Eros in Apuleius' Märchen »Amor und Psyche« (siehe Neumann, 1995) – eine Liebe hervorrufen, die zu Empfänglichkeit und Erkenntnisgewinn motiviert.

Somit entsteht im »Tutzinger Gedichtkreis« das »Neue« weder allein durch die kämpferischen Auseinandersetzung mit dem alten Muster der Beziehungsunfähigkeit noch durch einen überwältigenden Einbruch unbewusster Energie, sondern durch die Liebe zu einem intensiv Liebe einklagenden und anregenden Gesprächspartner. Aufgestört von dieser Liebe erfährt eine bereits schmerzhaft ins Erwachsenwerden initiierte Generation zunächst Verwandlung, indem sich ihr – auf ungeklärte Weise – ein Geheimnis enthüllen wird:

> »Aber jeder wird wissen: dies ist Dein letztes Geheimnis
> Dein Fernsein Deine Nähe
> Dein Zuendesein Dein Anfang
> Deine Kälte dein Feuer
> Deine Gleichgültigkeit Dein Zorn.« (Strophe 28)

Im spiralförmig aufgebauten Tutzinger Zyklus werden damit erneut, jedoch auf einer abstrakten Ebene, »Paarungen« präsentiert. Anders als bei dem ungleichen »Liebespaar« der Strophen 26 und 27 werden nun die Gegensätze als zusammengehörig erkannt. Kontraste bleiben konturiert, sprengen aber die Einheit nicht mehr. Was die Dichterin in der vorletzten Strophe verbal gestaltet, verweist auf eine bewusste Gestaltung des Erlebnis des ›Archetyp des Selbst‹. Zu diesen Erfahrungen schreibt C. G. Jung: »Das Selbst aber ist absolute Paradoxie, indem es in jeder Beziehung Thesis und Antithesis und zugleich Synthesis darstellt... Der durch die Erforschung des Unbewussten angenäherte Archetypus konfrontiert daher das Individuum mit der abgründigen Gegensätzlichkeit der menschlichen Natur, womit ihm eine ganz unmittelbare Erfahrung von Licht und Finsternis...

ermöglicht wird... Erfahrungen dieser Art können durch unsere menschlichen Mittel nicht mit Notwendigkeit herbeigeführt werden... Ohne das Erlebnis der Gegensätzlichkeit gibt es keine Erfahrung der Ganzheit und damit auch keinen inneren Zugang zu den heiligen Gestalten.« (Jung, 1995i, S. 34f.)
Dem Zugewinn an Einsicht in die menschliche Gegensätzlichkeit folgt nach Jung der »innere Zugang zu den heiligen Gestalten«. Kaschnitz vollendet ihr »Mandala aus Worten« zwar nicht mit dem Hinweis auf Heiligenfiguren, aber mit einer Vision guten Lebens:

> »Und einige wirst Du bisweilen beweglich machen..
> Überflügeln werden sie ihre Angst
> Fahrende werden sie sein. Freudige.
> Reich wird und voll von Süße sein
> Die Begegnung, der Gruß im Vorüber.
> Nisten werden sie in Heimatlosigkeit und sich lieben in Tälern des Abschieds.
> Gleitet Ihr Sterblichen –« (Strophe 29)

In den letzten Zeilen des Tutzinger Gedichts gewinnt damit Gestalt, was man in der Sprache der Analytischen Psychologie die Transformation des Ich-Komplex nennen kann. Offenheit für unbewusste Impulse (die »Gaben« des »himmlischen Bräutigams«) und Resonanz auf die Mitmenschen werden möglich. Wenigstens partiell scheint dem »Ich« (»*Einige* wirst Du bisweilen beweglich machen«, Hervorhebung E.G), das sich im »Tutzinger Kreis« zu Wort meldet, eine Einstellung möglich zu sein, die M. Stein in seinen Reflexionen zur Relevanz von Spiritualität in der Psychotherapie wie folgt beschreibt:

> »(Sie) ist vorbehaltlos und angewiesen auf eine Haltung der Offenheit gegenüber dem Unbekannten. Sie baut eine Haltung auf, die Chinesen *wu-wei* nannten, d.h. die Dinge geschehen und sich auf eine eigene Art sich entfalten zu lassen.« (Stein, 2003, S. 41f.)

Die Vision der letzten Strophe mag man als poetisches Bild für die Selbstregulierungskräfte der Seele oder – wie Lüscher – als gnadenhaften Akt lesen. Hier wird jeder/jede seine eigenen Worte einsetzen. »Erwachsenwerden« (»Und sagen, wie häßlich es ist, erwachsen zu werden / Und aufzubleiben in der Nacht allein« Strophe 28) jedenfalls bedeutet für Kaschnitz mehr als die Arbeit an sich selbst und die Kraft, im dunkel-unvertrauten Gebiet das Wach-Sein durchzuhalten. Es impliziert vor allem die Bereitschaft, sich zu öffnen und begaben zu lassen.: »Und einige wirst Du bisweilen beweglich *machen*.« (Strophe 29, Hervorhebung E. G.)
Qualitatives Erwachsenwerden – in der Begrifflichkeit von C. G. Jung: »Individuation« – führt, so die »Tutzinger Vision«, nicht in Unabhängigkeit und Durchsetzungskraft, sondern zur Sensibilisierung für menschliche Verletz-

lichkeit, zum Wissen um menschliche Endlichkeit sowie zu Offenheit für Impulse der Außen- und Innenwelt, zu Beziehungs- und Liebesfähigkeit. Formuliert in Anlehnung der »Sprache von Tutzing«, heißt das:

> Rezeptivität und Resonanz (»Beweglich gemacht werden« und »Angst überflügeln können«)
> Akzeptanz und Kompensation von Verlusten (»Nisten in Heimatlosigkeit«)
> Dialog- und Beziehungsfähigkeit (»Gruß im Vorüber« und »Liebe in Tälern des Abschieds«)
> leichte, gewaltfreie Bewegungen (keine »Versteinerung«, sondern »Gleiten«).

7. Bilanz: Mut zu eigener Stimme und Dialogfähigkeit

Von einer schweren (Wieder-)Geburt erzählt der »Tutzinger Gedichtkreis«, von der Geburt eines erwachsenen Ich, das nicht mehr ins Kindisch-Sein abgleiten muss, dem aber ein verändertes Kindlich-Sein zugänglich wird: spielerisch-leichte Bewegungen (Gleiten) und offene Begegnungen mit anderen Menschen, wie sie eben im Spiel oder in der Liebe möglich sind.

Kaschnitz nutzte für ihre ins Utopische geöffnete Kosmogonie den Kreis, eine alte bergende Form, mutete dieser Form aber die Konfrontation mit dem Chaos ihrer Gegenwart zu. Sie emanzipierte sich damit auch aus dem Bann patriarchaler Traditionen, die sie als dominant und destruktiv erlebt hatte. Im intensiven Studium der überlieferten Formen und Mythen entdeckte sie offenbar jedoch auch Gefäße, die ihr halfen, ihre Kraft zu bündeln, damit ihre eigene Energie nicht verlöschen oder zu Destruktivität verkommen musste. Sie schuf ein Mandala aus Worten, das durch Mut zum Wirbel besticht, und in dem zugleich wieder und wieder (spiralförmig) die Orientierung an einem neuen Zentrum gestaltet wird.

Gehalten von der Vereinigung von Gegensätzen in einer tiefen Schicht ihrer Existenz war es ihr – vielleicht sogar stellvertretend oder als Vorläuferin einer ganzen Generation – möglich, externes und internes Chaos auszuhalten, ein erneuertes Kommunikationsmuster mit der Öffnung zu mehr Liebesfähigkeit poetisch zu strukturieren und ihre Vitalität zum Aufbau eines transformationsfähigen Bewusstseins explorativ, integrativ und kreativ einzusetzen.

Kaschnitz gewann durch diese dichterische Arbeit ‚Authentizität': einen Zuwachs an sozialer Resonanz- oder Dialogfähigkeit und eine Stimme, die unverwechselbar wurde. Als Beleg für die Kontinuität ihrer Entwicklung sei hier aus dem Zyklus »Das alte Thema« zitiert, den die Poetin als Siebzigjährige veröffentlichte:

»Komm näher mir
Mein armer Bräutigam
Der nichts zustande gebracht hat
In zwei Jahrtausenden...
Du Bettler, Bruder, Bruder
Geh in mich ein...« (Kaschnitz, 1985, S. 491-494)

Im Gedicht-Schreiben »rettete« Kaschnitz offenbar schon 1951 ihre eigene »Seele« aus den Trümmern der Barbarei. Sie leistete dabei wohl zugleich Enormes für ihre Generation, der sie trotz ihrer poetischen Schroffheit doch auch »aus der Seele sprach«. Der »Tutzinger Gedichtkreis« führte jedenfalls nicht dazu, dass der Kontakt zur »Tabu-Brecherin« Kaschnitz abgebrochen wurde. Während die Dichterin heute fast vergessen ist, wuchs im literarisch ansprechbaren Westdeutschland die Empfänglichkeit für ihre Texte bis in die 60er-Jahre stetig. Gerade die Ästhetisierung, die Kaschnitz in der Konfrontation mit und in der Transformation menschlicher Liebesunfähigkeit gelang, trug m.E. wesentlich dazu bei, dass das Interesse an Kaschnitz' Texten in der Nachkriegszeit nicht aufgegeben werden musste. Mit ihrer Lyrik stellte Kaschnitz offenbar eine Form parat, die ein relativ angstfreies Sich-Einlassen auf eigene Abgründe sowie vielleicht auch die Wahrnehmung von Anregungen zur Transformation der Antagonismen in den Lesenden selbst erlaubte.

Lesend oder schreibend können sich sicher nicht alle Menschen »retten«. Am Beispiel der Marie Luise Kaschnitz konnte ich aber zeigen, dass das Schreiben sprachbegabte Menschen – zumindest in Verbindung mit anderen Ressourcen wie etwa einem inspirierenden Umfeld, aber auch Kenntnissen in der Symbol- und Mythentradition – jedenfalls soweit »retten« kann, dass innere Prozesse durch Gestaltung äußerer Materialien wie z.B. der Sprache bewusst gemacht und einer befreienden Wirkung zugeführt werden können, was sich in neuem Mut zu sich selber und zum zukünftigen Tun zeigt. Schreibend retten sich Menschen allerdings kaum *vor* Krisen. Schreibend (und vielleicht lesend) können Menschen aber offenbar *in* Krisen wahrnehmungsfähig bleiben und schließlich auch zu einer neuen Wahrnehmungs- und Verarbeitungsform für ihr Leben *nach* der Krise finden.

Abschießend möchte ich noch festhalten, dass mir Literaturwissenschaft und auch die Theologie die Augen für die in den Texten verborgenen Formen und für Parallelen mit anderen Texten geöffnet haben. Der Ansatz von C. G. Jung aber hat mir geholfen, die Bedeutung dieser Formen für den Menschen Marie Luise von Kaschnitz zu erspüren. Sensibilisiert durch die Perspektive der Analytischen Psychologie konnte ich der enormen inneren Dynamik auf die Spur kommen, die wohl die Gestaltung des »Tutzinger Gedichtkreises« motiviert hat. Im Licht der Analytischen Psychologie konnte ich aber auch die Rückwirkungen dieser Gestaltung auf den inneren Prozess neu lesen und beschreiben: Diesem war Marie Luise Kaschnitz nicht nur ausgeliefert, sie konnte sich vielmehr von der integrativen Kraft alter Formen stützen und inspirieren lassen, so dass sie ihren Weg durchhalten und durcharbeiten konnte.

Literatur

Adam, H.U. (2000): *Therapeutisches Arbeiten mit Träumen*, Berlin, Springer.
Benn, G. (2001): Fragmente; in: *Deutsche Lyrik*, Band 9, München, Deutscher Taschenbuch Verlag
Berger, H. (2001): *Ob es Hass ist, solche Liebe?* Freiburg, Herder
Gersdorff, D. (1992): *Marie Luise Kaschnitz*, Frankfurt a. M., Insel
Graves, R. (2000): *Griechische Mythologie*, Reinbek, Rowohlt Taschenbuch Verlag
Haustein, M.:»Gotteskampf bis zur Morgenröte«. In: *Deutsches Pfarrerblatt* 1/2001, S. 23-25
Hunger, H. (1980): *Lexikon der griechischen und römischen Mythologie*, Reinbek, Rowohlt TB
Jacobi, J. (1969): *Vom Bilderreichtum der Seele*, Olten, Walter
Jung, C. G.: Über Mandalsymbolik (1950). *GW*, vol. 9/1, Düsseldorf, Walter, 1995a
Jung, C. G.: Über Wiedergeburt (1950). *GW*, vol. 9/1, Düsseldorf, Walter, 1995b.
Jung, C. G.: Zur Empirie des Individuationsprozesses (1950). *GW*, vol. 9/1, Düsseldorf, Walter 1995c
Jung, C. G.: Das Wandlungssymbol in der Messe (1941). *GW*, vol.11, Düsseldorf, Walter, 1995d
Jung, C. G.: Die psychologischen Aspekte des Mutterarchetypus (1938). *GW*, vol. 9/1, Düsseldorf, Walter, 1995e.
Jung, C. G.: Symbole der Wandlung (1911/12, 1952). *GW*, vol. 5, Düsseldorf, Walter 1995f
Jung, C. G.: Mysterium Coniunctionis (1955/56). *GW*, vol.14/2, Olten, Walter, 1995g
Jung, C. G.: Die transzendente Funktion (1916/1957). *GW*, vol. 8, Düsseldorf, Walter, 1995h
Jung, C. G.: Einleitung in die religionspsychologische Problematik der Alchemie (1935/36, 1944). *GW*, vol. 12, Düsseldorf, Walter, 1995i
Kaschnitz, M. L. (1982): *Gesammelte Werke*. Band 3, Frankfurt a. M., Insel
Kaschnitz, M. L. (1985): *Gesammelte* Werke. Band 5, Frankfurt a. M., Insel
Kaschnitz, M. L. (1989): Gesammelte Werke. Band 7, Frankfurt a. M., Insel

Kaschnitz, M. L. (1984): Rettung durch Phantasie. In: Schweikert
Kaschnitz, M. L. (1999): *Überallnie. Gedichte*, München, Deutscher Taschenbuch Verlag
Kaschnitz, M. L. (2000): *Tagebücher aus den Jahren 1936 – 1966*; Band 1, Frankfurt a. M., Insel
Kaschnitz, M. L. (2001): *Griechische Mythen*, Frankfurt a. M., Insel
Kast, V. (1994): *Vater-Töchter, Mutter-Söhne*, Stuttgart, Kreuz
Klüger, R.: »Die beiden Ichs in der Lyrik von Marie Luise Kaschnitz«. In: *Marbacher Magazin 95/2001*
Lurker, M. (1991): *Wörterbuch der Symbolik*, Stuttgart, A. Kröner
Lüscher, I.: Göttlicher Übergriff. In: *Gorgo* 29/1995, S. 47-54
Marbacher Magazin 95/2001, ›Ein Wörterbuch anlegen‹, Stichwort ›Perlenkette‹, S. 87.
Neumann, E. (1995): *Amor und Psyche*, Solothurn, Walter
Pulver, E. (1984): *Marie Luise Kaschnitz*, München, C. H. Beck
Riedel, I. (2002): *Formen*, Stuttgart, Kreuz
Rilke, R. M. (1974): *Werke I/1*, Frankfurt a. M., Insel
Rossbach, N. (1999): *Jedes Kind ein Christkind, jedes Kind ein Mörder*. Tübingen, Francke
Schweikert, U. (1984): *Marie Luise Kaschnitz*, Frankfurt a. M., Suhrkamp
Seifert, T. (1986): *Weltentstehung*, Stuttgart, Kreuz
Stein, M.: Psychoanalyse und Spiritualität. In: *Analytische Psychotherapie*, März/2003
Suhr, U. (1992): *Poesie als Sprache des Glaubens*. Stuttgart, Kohlhammer
Trakl, G. (2000): *Gesammelte Werke IV/2*. Frankfurt a. M., Stroemfeld/Roter Stern
Vetter, H. (1994): *Ichsuche*, Stuttgart, M und P Verlag für Wissenschaft und Forschung
Wahrig, G. (1975): *Deutsches Wörterbuch*. Gütersloh, Bertelsmann Lexikon Verlag
Zürcher, G.: ›Vom elenden, herrlichen Leben‹. In: Schweikert, 1984

Abstract

Anneliese Guerin
»Ich will in das Grenzenlose zu mir zurück...«
Gedanken aus der Sicht der Analytischen
Psychologie zur Dichterin Else Lasker-Schüler

Ausgehend vom dichterisch gestalteten Lebenslauf, der zur poetischen Identität der Künstlerin gehört und der eine schöpferische Ausgestaltung der faktischen Biografie darstellt, wird anhand von Gedichten und Zeichnungen die Bilderwelt der Dichterin aufgezeigt. Diese orientalisch-jüdische Bilderwelt, ausgedrückt in deutscher Sprache, die von daher einen ungewöhnlichen Reichtum und eine poetische Tiefe erhält, vermag innere und äußere Erfahrungen des kollektiven Schattens, aber auch eines schöpferischen Selbstbezugs zum Ausdruck zu bringen, dessen wir in unserer einseitigen Welt zutiefst bedürfen. In orientalisch jüdisch gewandetem Deutsch werden wir genährt, so dass es uns möglich wird, selbst versöhnlich und offen zu sein, ohne uns verlieren zu müssen. Es ist ergreifend und erschütternd, dass die Dichterin dies in ihrer Lebenszeit aus sich herauszustellen vermochte als Ausdruck ihrer schöpferischen Funktion, Gestalt geworden im Prinzen Jussuf von Theben.

Schlüsselwörter: Gedichte, Bilder, Animus, Poetische Identität, Selbst

»Ich will in das Grenzenlose zu mir zurück...«
Perspectives in Analytical Psychology relating to the
Poetess Else Lasker Schüler

Based on the poetically structured biography and the identity of the artist ELS, the author uses poems and drawings to show her inner world of images. The intention is to contemplate rather than to analyse the very rich orientalistic jewish world of images written in german with poetic depth, which expresses aspects of the collective shadow and the creative self. This can help us to open up without losing ourselves and at last to be conciliatory. It is very moving that the artist was able to express all this in her lifetime during the nazi-terror-regime due to her creative function, embodied by her alter ego, the so-called Prince Jussuf of Theben.

Keywords: Poems, Images, Animus, Poetic Identity, Self

Anneliese Guerin, Dr. phil., Dipl. psych., Jg. 1959, Studium der Psychologie, Soziologie und Ethnologie; Weiterbildung zur Psychodramatherapeutin und Psychoanalytikerin (Analytische Psychologie); Dozentin und Lehranalytikerin der DGAP in Stuttgart, Abteilungsleiterin (Psychotraumatologie) an der Sonnenberg-Klinik in Stuttgart und in freier Praxis tätig.
Triberger Str. 28, D-70569 Stuttgart, Tel./Fax 07116204077

Anneliese Guerin
»Ich will in das Grenzenlose zu mir zurück...«
Gedanken aus der Sicht der Analytischen Psychologie zur Dichterin Else Lasker-Schüler

Der Titel meiner folgenden Ausführungen stammt von Else Lasker-Schüler selber. So beginnt eines ihrer berühmtesten Gedichte:

Weltflucht

Ich will in das Grenzenlose
Zu mir zurück,
Schon blüht die Herbstzeitlose
Meiner Seele,
Vielleicht ist's schon zu spät zurück
O, ich werde sterben unter euch!
Da ihr mich erstickt mit euch,
Fäden möchte ich um mich ziehn -
Wirrwarr endend, Beirrend
Euch verwirrend
Um zu entfliehn
Meinwärts   *(ELS 1902, in 1902 – 1943, S. 12, 78)*

Wenn man sich den sprachlich bildhaften Gestaltungen im Gedicht zuwendet, entdeckt man Wortspiele und Wortschöpfungen (z.B. Wirrwarr endend, meinwärts). Sie lassen uns Wort und Bild neu sehen, durch ein Spiel mit den Bezügen (ich, mir, mein, mich).
Dieses »Meinwärts« erhält in ihrer Dichtung ein Bild, das immer mehr Kontur gewinnt, das Bild einer orientalischen Stadt, der Stadt Theben, nach deren Buntheit die Dichterin in ihren Gedichten und in ihrer Prosa sucht, wie in einem Brief an den Freund Paul Leppin in Prag vom 21.05.1933, dem sie aus dem Exil in Zürich schreibt:

»Lieber Daniel Jesus Paul, liebroicher König von Böhmen.
Wo ist unser buntes Theben, all die Dromedare und Kamele und Silbertauben. Die flattern blind umher – die Korallen ihnen ausgestochen, wie mir mein Herz...«
(Kupper 1969, S. 147, Briefe von ELS Band II)

Neben der äußerst bedrückenden Lage – sie ist überstürzt vor den Nazis in die Schweiz geflohen, ohne sichere Bleibe und Arbeitserlaubnis – ist es auch eine zeitlose Frage, die sie immer wieder erhob und in ihrem Werk immer noch an uns richtet.
Sie verbleibt nicht nur in ihrer Situation, wie sie sie sieht und erlebt, sondern reicht mit ihrer Dichtung schöpferisch darüber hinaus.

Sie selbst ortet sich in diesem Brief wie folgt:

»Ach ich bin hier und bin sehr traurig, da mirs immer so ergeht, vielleicht ergehen muss und – soll – nach höherem Lenken...« (Kupper 1969, S. 147)

War dieses Theben ein spätes, romantisches Land der blauen Blume, ein Paradies, ein poetisches Asyl, eine Art Enklave in einer unerträglichen Alltagswelt?
Sie selbst gibt seine Topographie an:

»Und doch liegt in Wirklichkeit mein Theben in meinem Herzen unterm Bluthorizont und ich auf Thebens schimmernder Spielwiese.« *(Kupper 1969, S. 220)*

Diese Aussage hat mich dazu gebracht, zwei Fragen zu stellen:
1. Was meint innere und äußere Wirklichkeit für ELS und damit für ihr »buntes Theben«, ihr Meinwärts?
2. Welche Rolle spielt dabei ihr »Bluthorizont«? (siehe Zitat oben). Sie war eine deutsch-jüdische Dichterin. Ich fasse dieses Bild als Ausdruck dessen auf.

Diesen beiden Fragen möchte ich nachgehen. Die äußeren Fakten und Daten aus dem Leben der Dichterin bilden insofern einen Rahmen, als sie oft Anlass für ein Gedicht sind (siehe Aufstellung *Äußere Wirklichkeit* am Ende des Artikels) und in die Lyrik mit einfließen. Das geschieht in einer für die Dichterin sehr eigenen Art und Weise.
Doch zunächst: Wer war Else Lasker Schüler? Das kann man fragen, wenn man eher zufällig auf meine Ausführungen stößt oder wenn man sich wie ich mit ihrer Dichtung beschäftigt hat und mit ihren Gedichten gelebt. Auf dem Bild sehen Sie eine aparte junge Frau.
Ich möchte auf ihre Lebensrätsel keine psychopathographische Antwort geben. Ich glitte allzu leicht ins Banale, in dem ich herausfände, was jeder sowieso schon weiß.
Ihre Kunst literaturwissenschaftlich zu ergründen ist nicht meine Aufgabe. Daran mögen, abgesehen davon, schon viele gestrandet sein. Der psychologische Anteil ihrer schöpferischen Gestaltung ist mein Anliegen. Es geht mir dabei um ein phänomenologisches Erfassen, ein Offensein für ihr

Elke Lasker-Schüler, Februar 1906: Auf der Rückseite:
»Dem Dichter René Schickele und der munteren Primanerin
Anna Schickele in Liebe« gewidmet. (© Mit freundlicher
Genehmigung des Deutschen Literaturarchiv, Marbach)

Gestalten innerer und äußerer Erfahrung, das viel mit Staunen und Wundern zu tun hat, bei allem Leid und ganz besonders viel mit Tanz und Spiel als Bezug zu sich, anderen und anderem.
Aber noch einmal die Frage, wer war sie? Was ich nun erzähle, ist nicht systematisch, das passt nicht zu dieser Dichterin. Den fehlenden, ordnend klaren Intellekt will ich nur da nachliefern, wo er für das Verständnis unerlässlich ist.

War sie der blaue Jaguar? War sie Tino von Bagdad? Ein Räuber und Hochbandit? Prinz Jussuf von Theben? Eine Prophetin? Eine Kabbalistin? Zirkusprinzessin? Wilde Jüdin? Bohemienne? Eine exaltierte Person oder eine große Dichterin?

Hier sind einige, vielfältig widersprüchliche Charakterisierungen aufgeführt, derer sie sich bewusst war. Diese gestalterische Kunst, in »Geschichten verstrickt zu sein«, mit der eigenen Lebensgeschichte und der von anderen schöpferisch zu spielen, die Begegnungen mit Freunden als Tanz abzubilden, ist wesentlich für sie.

Das biographische Fundament, das nur in großzügigen Lebenslinien bekannt ist, ist schnell erzählt, wenn auch nur bruchstückhaft (siehe Aufstellung *Äußere Wirklichkeit* am Ende des Artikels):

ELS ist 1869 in Wuppertal-Elberfeld in einer gut bürgerlichen Familie des assimilierten Judentums geboren. Sie erhält Privatunterricht zeitweise im Zeichnen, aber auch krankheitshalber in der Schulzeit. Der Vater war Bankier, Mutter und Großmutter sollen sich dichterisch betätigt haben. 1890 stirbt die Mutter plötzlich, ein sehr einschneidendes Erlebnis für ELS. 1894 Ehe mit dem Arzt B. Lasker, Atelier in Berlin-Tiergarten, erste Gedichte, denen zunehmend weitere folgen. 1899 wird der Sohn Paul geboren, dessen Vater sie nicht

(© Mit freundlicher Genehmigung des Jüdischen Verlag, Suhrkamp Verlag, Frankfurt)

nennt; er stirbt 1927 an TBC. 1903 Scheidung von Lasker und kurz darauf Ehe mit dem Musiker und Dichter Georg Levin, zugehörig zur anarchistisch jüdischen Radikalen. Befreundet mit vielen Dichtern und Künstlern wie Kraus, Trakl, Benn, Hille. 1912 zweite Scheidung. Danach lebt sie nur noch in möblierten Zimmern und Hotels. 1932 Kleist-Preis. 1933 Flucht in die Schweiz, Reisen nach Palästina, ab 1939 endgültig in Jerusalem, weil sie kriegsbedingt nicht mehr zurück kann. Dort stirbt sie 1945 an den Folgen von Angina Pectoris.

Sie selbst hat den Mythos, der sich um sie rankt, auch gerankt wurde, mitgeschaffen.

Er ist Teil ihrer Dichtung, in der äußere und innere Wirklichkeit kunstvoll ineinander verwoben erscheinen. Es geht mir nun darum, das spezielle Verhältnis zwischen innerer und äußerer Wirklichkeit zu beleuchten, das ihrem Leben so viel Buntheit gab, bei aller Dunkelheit. Wissenschaftler, Freunde, Mäzene und Feinde stellten Behauptungen richtig, die die Dichterin angeblich erfunden und sich selber und anderen angedichtet hat. Viele, die sie kannten, widmeten ihr einige Zeilen oder Seiten, manchmal mit Bewunderung und Verehrung, manchmal auch voll Ablehnung, Feindseligkeit und Angst. Franz Kafka z. B. hat sie und ihre Dichtung rundweg abgelehnt. Er stellte sich vor, wie sie betrunken sich von Café zu Café schleppte, fand sie leer, krank und hysterisch. Bekannt ist aber auch eine ganz andere Charakterisierung des befreundeten Dichters Peter Hille, dem sie ein Buch widmete:

> »Ihr Dichtgeist ist schwarzer Diamant, der in ihrer Stirn schneidet und wehtut. Sehr wehe. Der schwarze Schwan Israels, eine Sappho, der die Welt entzwei gegangen ist«. (Klüsener 1980, S. 63)

Ihr dichterischer Lebenslauf, der oft zitiert wird, lautet kurz und bündig:

> »Ich bin in Theben (Ägypten) geboren, wenn ich auch in Elberfeld zur Welt kam im Rheinlande. Ich ging bis 11 Jahre zur Schule, wurde Robinson, lebte fünf Jahre im Morgenlande und seitdem vegetiere ich.« (ELS, Gesammelte Werke, 1996).

Im einstigen Land der Gefangenschaft der Juden, in Ägypten geboren zu sein, entspricht dem Lebensgefühl des jüdischen Mädchens Else, das wohl verletzt und enttäuscht den Rückzug in die innere Welt angetreten hat, die Josef von Ägypton zu beleben begann.

Mit dem Vegetieren versucht sie ihr Leiden an der sachlichen Großstadtwelt zu beschreiben und der Weltanschauung, dass das Menschsein frühestens mit dem Leutnant beginne. Hier fühlte sie sich nicht zugehörig. Sie stellte dieser Weltanschauung ihre weitreichende orientalische Phantasie, im Grunde ihre subjektive innere Welt provokativ entgegen – damals

ein »kreativer Partisanenkampf« um das Lebensrecht der freien Phantasie. Ihr Schreiben hielt sie am Leben, und sie hielt ihre im Schreiben geschaffene Welt am Leben. Auch ihren Lebenslauf gestaltete sie spielerisch, kindlich.
Ihr Vater – so Else Lasker-Schüler – baute Türme... Vielleicht ihr Theben? Kinder denken sich solche Dinge aus. Sein tatsächlicher Beruf, er war Privatbankier, interessierte sie in ihrer Dichtung nicht, ganz im Gegenteil. Sie suchte und erschuf einen großzügigen Prinzenvater. Das Schreiben will sie ererbt haben – von *der Mutter und Großmutter*, die begnadete Dichterinnen gewesen sein sollen. Belegt ist das literarische Interesse der Mutter, und dass die Großmutter sehr schöne Briefe schrieb. Ihr dichterisches Selbstverständnis ist sehr mit der *Mutter* verbunden, das wird am Bild des Dichters Abigail von Theben, einer Variation des Prinzen Jussuf von Theben, mit dem sie sich identifiziert, deutlich:

> »Abigail lebt zwanzig Jahre im Leibe der Mutter und weigert sich zur Welt zu kommen, und zwar dichtete er beim Genusse süßen Blutes, wenn seine Mutter verzuckerte Rosen verzehrte...« (Klüsener 1980, S. 32)

Hier ist ELS selber, aber auch die Mutter poetisch verwandelt. Eine Vorgehensweise, die die Dichterin oft wählt, um mit ihren Erfahrungen schöpferisch umzugehen, in diesem Fall den Tod der Mutter mit 21 Jahren zu bewältigen. Selbst Dichterin zu sein, ihre Dichtung mit sich auf die Welt zu bringen. Sie wählt dafür ein Natur-Geburtsbild:
»Abigail weigert sich zur Welt zu kommen.« Letztlich hat sie sich nur schwer zum Tod der Mutter stellen können, andererseits vielleicht gerade deshalb sehr viele Gedichte über sie geschrieben, wo sie auch die Mutter und die Beziehung zu ihr dichterisch verwandelt, so dass die Beziehung über das Persönliche hinaus wuchs.

C. G. Jung (1922, §122) drückt das in vergleichbarer Weise aus:

> »Als wir im Vorangegangenen vom Kunstwerk sprachen als von einem Baum, der aus der nährenden Erde wächst, so hätten wir wohl ebenso gut den geläufigeren Vergleich mit dem Kind im Mutterleibe verwenden können...«

Er verbindet damit die poetischen Metaphern mit analytisch wissenschaftlicher Terminologie. Er betont aber und greift wieder auf die pflanzlichen Metaphern zurück, dass wir gut daran tun, den schöpferischen Gestaltungsprozess wie ein lebendiges Wesen anzusehen, das der Seele des Menschen »eingepflanzt« sei. Die tief greifenden Einflüsse der Kindheitserlebnisse und der persönlichen Biographie finden dabei ebenfalls Beachtung, da sie zum Gesamtbild beitragen. Eben dieser Tatbestand ist im Werk von ELS besonders plastisch nachvollziehbar.
Ihre persönliche Mutter hatte nachgewiesenermaßen eine schwere Kind-

heit, da sie ihre Mutter kurz nach der Geburt verlor (Tuberkulose). Die Schwermut der Mutter ist belegt und wird von Else Lasker-Schüler dichterisch beschrieben, wenngleich verklärt. Von der Schwermut der Mutter leitet sie auch den Veitstanz ab, an dem sie mit elf Jahren erkrankt sein soll (durch den Sturz vom Turm). Es ist ein Ereignis, das oft bezweifelt und als Metapher gedeutet wird, als Leiden an den antijüdischen Pogromen. Ein Grund, warum sie mit elf Jahren die Schule verlassen hat und Privatunterricht bekam.

Über die folgenden Jahre ist wenig bekannt. Die dichterisch beschriebene, schwere Erkrankung (Veitstanz), die als Raserei anmutet, verweist auf ein Ausser-Sich-Sein des Kindes Else. Schon in der Antike wurden diese Zustände als besondere Beziehung zum Göttlichen und Künstlerischen verstanden.

>Die göttliche Raserei des Künstlers hat eine gefährlich reale Beziehung zum Krankhaften, ohne mit diesem identisch zu sein. Die Analogie besteht im Vorhandensein eines autonomen Komplexes.« (Jung 1922, §122)

Sich selbst sah ELS schon früh als Künstlerin, ja *musste* sich so ausdrücken:

»Fünf-jährig dichtete ich meine besten Gedichte...« und »Die Gedichte meines ersten Buches »Styx« dichtete ich zwischen fünfzehn und siebzehn Jahren...«

Gewiss hat schon das Mädchen Else seine Traumwelt kreiert, in der es sich mit traumwandlerischer Sicherheit bewegte. So schildert sie Kinderspiele, die sie mit ihrer Poesie verbindet, aber auch mit ihrem »absoluten Gehör« als Dichterin:

»Ich legte Knopf an Knopf, je vier oder fünf, ebenmäßige Reihen in Zwischenräume auf den großen Tisch und führte dann mein kleines Fingerchen über die Knopfreihen der abgeteilten Knopfstrophen. Wenn ich dann durch die Unregelmäßigkeit der Knopfgrößen mit der Fingerspitze stolperte oder gar mit dem ganzen Finger abglitt, schrie ich laut auf, genau wie ich mich erneut körperlich verletzt fühle durch einen Vokal oder Konsonanten, der Störungen im Maß oder Gehör undefiniert verursacht...« (In dieser Hinsicht war sie von ihrer Arbeit absolut überzeugt)

»Aber einer der herrlichsten Knöpfe durfte überall liegen, wo er wollte, er war aus Jett, besät mit goldenen Sternlein, und ich staunte ihn an. Er war das Himmelreich meiner Knöpfe und hieß Josef von Ägypten...« (Klüsener 1980, S. 24)

So hatte Jussuf von Theben, der Dichterprinz in einer frühen Erscheinungsform, als künstlerischer Animus, der später in vielen Spiel- und Tanzformen ihrer poetischen Welt auftritt, die Führung übernommen. Das kindlich Spielerische ist ihre Quelle, aus der sie immer ganz wesentlich geschöpft hat. Gedichte schreiben hat sie mit dem Spielen mit bunten

Glasperlen verglichen. Irgendwann im Laufe des Spiels fänden sich die Worte so zusammen, dass das Gedicht gelungen sei. Doch noch einmal zurück zur poetisch erzählten Biographie: Ein weiteres Familienmitglied, der *Urgroßvater* (vs) soll ein Rabbi gewesen sein. Tatsächlich lässt sich eine solche Linie in der Familie des Vaters nachweisen. Als dichterische Gestalt war er in der Lage:

> »...das Herz aus der Brust zu nehmen, um den Zeiger des roten Zifferblatts wieder nach Gottosten zu stellen..« (Klüsener 1980, S. 12)

Dieser Greis vereint in sich das Jüdisch-Religiöse, das Wundertätige, kindlich Weise und Spielerische mit der Fähigkeit zu Gesichten. Mit dem Rabbi ist das innere und äußere »Sich-Besternen« verbunden. Für ELS drückt sich darin der Zugang zum Kosmischen, zum Überraumzeitlichen, Archetypischen aus. Mond und Sterne sind die Siglen ihrer Kunst, einer Kunst, die die Einengungen des Nur-Persönlichen und Alltäglichen durchbricht, überwindet und doch einschließt. Der Vorgang berührt tief, da er vorwegnehmend aufhebt, was wenige Zeit später so grausam Realität wird.

Die Legende, die ELS umgibt, die sie selbst begonnen hat und die immer noch gerne geglaubt und weiter geschrieben wird, hat viele Gesichter. Alle aber zeigen eines: Dass Dichtung ihr Leben war. Ganz konkret Geschautes wandelt sich immer ins Bild. So sagt sie: »Ich sterbe am Leben und atme im Bilde wieder auf.«

ELS beschreibt und lebt ihre Kunst bildhaft wie ein Naturprodukt, das nicht nur geerntet, sondern gekeltert und gelagert werden muss, um seine endgültige Gestalt zu erhalten.

> »Kunst ist Wein... je länger der kostbare Most im Herzen des träumenden, schäumenden Künstlers ruht, desto ..., süßer der Dichtung Blume ...« (Klüsener 1980, S. 22)

Die Verlängerung ihrer Dichtung (ELS 1986), anders ausgedrückt die Erweiterung, ist die Zeichnung. Beides, Dichtung und gemalte Bilder gehören untrennbar zusammen. Ihre Gedichtbände, die zu ihren Lebzeiten herausgegeben wurden, sind richtige Bilderbücher. Auch ihre Briefe schmückt sie mit kleinen Bildern (siehe Briefwechsel mit dem Maler Franz Marc, in Schuster 1988), versiegelt sie mit Sternen, entwirft Illustrationen und Umschlagzeichnungen für ihre Bücher. Sie bietet ihre kleinen Blätter im Café zum Verkauf an, um ihre Rechnungen und das Schulgeld für ihren Sohn zu bezahlen, da sie im Laufe ihres Lebens, besonders nach ihrer zweiten Scheidung, immer wieder mittellos wird. Wenn sie sich um die Veröffentlichung ihrer Gedichte bemühte, bot sie auch ihre Bilder an, eben weil sie beides als zusammengehörig empfand. Die Zusammengehörigkeit von Bild und Wort erläutert sie, indem sie aufscheinen lässt, wie sie zum Zeichnen kam:

»Wahrscheinlich so: Meinen Buchstaben ging die Blüte auf – über Nacht oder besser gesagt: über die Nacht der Hand. Man weiß eben nicht – in der Dunkelheit des Wunders...«

»Wie ich zum Zeichnen kam? Ganz genau, wie sich das Laub nach der Blume sehnt, so zaubert die Sehnsucht meiner lebendigen Buchstaben das Bild in allen Farben hervor...« (ELS, Das Konzert 1932, in 1986, Umschlagstext)

So scheint die Zeichnung der gefühls- und erlebnishafte Ausdruck der schriftlichen Form zu sein, die Blüte, die immer anders aussieht als der Baum, Stiel oder Strauch, der sie trägt und doch unverwechselbar dazugehört. Das Hauptmotiv der Zeichnungen war die menschliche Figur. Den Gestalten, die sie einmal erfunden hat, bleibt sie treu. Dargestellt wird ägyptisch im Profil, eben wie in Theben. Die Gestalten sind immer in Bewegung – sie spielen und tanzen: Spiel als Zustand der Freiheit. Der Künstler ist ein zweckfrei Spielender. Da Else Lasker-Schüler der Kunst Herrschaft über ihr Leben einräumte, spielte sie auch in und mit der Wirklichkeit. Die Sprache, wobei Sprache oft als Tanz gesehen wird, ist notwendiges Mittel um zu sagen, wer dargestellt wird, wohin er geht, wie er handelt, wie er fühlt. Es ist nicht so, dass Else Lasker-Schüler Worte malt: Sie zeichnet, was sie schreibt und wie sie schreibt, gibt der Welt ihrer Sprache bildnerische Form, als Ausdruck ihrer schöpferischen Funktion. Jedem Gedicht steht eine Zeichnung gegenüber, und in manchen Fällen wirkt sie wie ein Spiegelbild. Das Stichwort für das Bild zu dem Gedicht »Gebet« (ELS 1902-1943, S. 286) findet sich in der ersten Zeile: »Ich suche allerlanden eine Stadt« (siehe unten). Die Zeichnung kann also als Pendant aus einer tieferen noch nicht verwörterten Schicht angesehen werden, das den Inhalt seiner verwörterten Form als Fixpunkt enthält, seine Wurzeln oder Anker aber tiefer senkt, in eine ursprüngliche Märchen-Mythen- und Bilderschicht, die dem magischen Bild- und Symbolverständnis angehört, in dem ELS zutiefst beheimatet war.

Jussuf, der Prinzen von Theben (Josef von Ägypten), ihre poetische Identität, die sie bis zum Ende ihres Lebens auch in der Öffentlichkeit verkörperte, wird zunehmend nach dem Tod ihres Sohnes (1927) zur zentralen Gestalt der Zeichnung, aber auch ihrer Dichtung. Vielleicht erlangte 1928 ihre schöpferische Funktion durch die tiefe Not und Krise eine neue Tiefe, aus der heraus sie die geliebte Josefsgestalt der Kindheit neu erstehen ließ? Sie malt ihn fast naiv mit Kreiden, Farbstiften, Feder, manchmal auch mit Kaffeesatz aus einer Tasse, verziert mit Buntpapier und Goldfolie. Der Dichterprinz Jussuf – Else Lasker-Schüler, lebt in seiner Stadt Theben – ihrer Dichtung, zusammen mit den Tinos, Abigails, Kalifen, Lamasöhnen, Indianern und Schlangentänzern. Dahinter verbergen sich Freunde, Menschen, mit denen sie alltäglichen Umgang hat, und die sie mit ihrer phantastischen Sprache erstaunlich treffend charakterisiert, auch deren verborgene Wesensseiten. H. Fischer (1945 in Bauschinger 1980, Umschlagstext) hat dazu geschrieben:

>»Else Lasker-Schüler hat sich nicht aus dieser Welt geflüchtet, sie war keine Romantikerin im üblichen Sinne; sondern mit dem schlafwandlerischen Instinkt des Genies hat sie Satz um Satz, Stern um Stern ein anderes Weltall aufgebaut, in dem die Realität unserer Tage eingeschlossen, aber gleichzeitig symbolisch verwandelt war. Das gab ihrem Werk den besonderen Zauber...«

Dieses andere Weltall führte sie zu ihrem Theben, aus sich heraus ins »Grenzenlose« und doch im Rückbezug zu sich, zu ihrem »Meinwärts«. Im Kostüm des Dichterprinzen Jussuf aus schwarzer Seide, mit Glöckchen um die Knöchel, glasperlengeschmückt war sie nicht zu übersehen. Es erinnert an die Josefs-Kostüme ihrer Kindheit, die sie in ihrer Prosa beschreibt. Ob diese real oder gedichtet sind, ist nicht klar nachweisbar. Sie gestaltet kompromisslos ihre Welt nach ihren Wünschen, Sehnsüchten, einen Zufluchtsort für ihr Herz, ihr Meinwärts. Damit lebte und gestaltete sie künstlerisch einen Aspekt des damaligen Zeitgeistes, der schon bald verdammt wurde, der mit weiblichem Fühlen und Empfinden verbunden ist. Die Subjektivität ihrer bilderreichen Darstellung hat ihr viel Kritik eingetragen, besonders von ihren zeitgenössischen jüdischen Kollegen. Sie hat ihnen entgegnet:

>»Dass ich nur von mir spreche, geschieht aus übergroßer Gerechtigkeit, aus Gewissenhaftigkeit, nicht nur aus Selbstschätzung. Nämlich weil ich mich nur kenne und von mir Auskunft geben kann.« (Brief an Martin Buber 1914, in Kupper, 1969, Band I, S. 118)

Ihre *religiöse Haltung,* und sie hatte eine bewusste und starke, die sich eng mit ihrem Künstlertum verband, charakterisiert sie mit einem einfachen Satz »Ein Anti-Jude ist auch ein Anti-Christ«. Für sie schloss eine wahrhaft religiöse Haltung aus, etwas Abfälliges über eine andere Religion zu sagen. Die fremden Religionsstifter waren für sie große Künstler, da sie aus den gleichen Quellen schöpften, wo Kunst, Wissenschaft und Religion noch ungetrennt in magischer Einheit verbunden sind:

>»Ich denke an den Nazarener, er sprach erfüllt vom Himmel und prangte schwelgend blau, dass sein Kommen schon ein Wunder war, er wanderte immerblau über die Plätze der Lande. Und Buddha, der indische Königssohn trug die Blume Himmel in sich in blauerlei Mannigfaltigkeit Erfüllungen...« (Bauschinger, 1980, S. 167)

Die Farbe Blau wird immer mehr zur Farbe ihres poetischen und religiösen Erlebens und Erfahrens, die sie auch mit ihrem Anliegen verbindet, Liebe in die Welt zu bringen, dass »blau zu blühen jedes Herz vermag« (Gedicht *Gebet,* ELS 1902-1943).

Ihr Gottesbild ist jüdisch orientalisch geprägt (z.B. in Josef von Ägypten). Es ist aber ein sehr subjektiv gestaltetes, zu dem sie einen tiefen inneren und emotionalen Bezug aufgenommen hat, letztlich ein Ausdruck für ihre Rückbindung (religio) an den Urgrund schöpferischer Kraft. Ihr Auftrag, ihr schweres deutsch-jüdisches Schicksal, als Künstlerin kollektiv »herausgestellt«, mit ihrem künstlerischen Gestalten zu tragen, und davon getragen zu sein, wird in einem ihrer schönsten Gedichte, das sie Franz Marc gewidmet hat, deutlich. Sie sehen weiter unten das Bild Theben, das sie diesem Gedicht *Gebet* zugeordnet hat. In beidem, im Gedicht und im Bild wird *ihr Weg* deutlich. Was sich ELS unter Theben vorgestellt hat, kann man dem Bild genauso entnehmen, wie ihren Gedichten und Prosastükken. Bauschinger (1980), gibt eine sehr schöne Charakterisierung:

> »Die eng aneinandergerückten, flachen Häuser stehen fast wie Buchstaben in ihren Reihen, und wie ihrer Handschrift hat die Zeichnerin ihnen Sterne und Monde eingeprägt. Schmale Treppen führen in das Gassengewinkel, aus dem sich hie und da eine Palme hervordrängt. Kein Mensch ist in diesem Theben zu sehen außer seinem Herrscher Jussuf, dessen Kopf im Profil mit einem großen Ohrgehänge geschmückt in einem Bogenfenster sichtbar wird. Die Figur ist ganz mit der Stadt verschmolzen, man muß durch Theben gehen, um Jussuf zu finden, und es ist, als bärgen die ineinandergeschobenen Häuser und Gassen unter vielen Geheimnissen in dem Prinzen ihr Kostbarstes.« (Bauschinger 1980, S. 215)

Ich schlage vor, wenn Sie das Gedicht lesen, durch Theben zu *gehen*:

Gebet

Ich suche allerlanden eine Stadt
Die einen Engel vor der Pforte hat.
Ich trage seinen großen Flügel
Gebrochen schwer am Schulterblatt
Und in der Stirne seinen Stern als Siegel.

Und wandle immer in die Nacht...
Ich habe Liebe in die Welt gebracht –
Dass blau zu blühen jedes Herz vermag.
Und hab ein Leben müde mich gewacht,
In Gott gehüllt den dunklen Atemschlag.

O Gott, schließ um mich deinen Mantel fest;
Ich weiß, ich bin im Kugelglas der Rest,
Und wenn der letzte Mensch die Welt vergießt,
Du mich nicht wieder aus der Allmacht lässt
Und sich ein neuer Erdball um mich schließt.

(ELS in 1902-1943, S. 286)

»Theben mit Jussuf«. Kolorierte Federzeichnung auf Telegrammformular. Vorlage für das Blatt I von »Theben« (Sammlung Hans Bollinger, Zürich, © Mit freundlicher Genehmigung des Jüdischen Verlag, Suhrkamp Verlag, Frankfurt)

»ICH WILL IN DAS GRENZENLOSE ZU MIR ZURÜCK...«

In einem Seminar zum Thema Kreatives Gestalten wurde über dieses Gedicht medititiert bzw. imaginiert. Eine Teilnehmerin hat sich entlang der Verben durch das Gedicht getastet: Ich suche, ich trage, schwer gebrochen und wandle, habe gebracht, blühen, gewacht, gehüllt, schließ, weiß, vergießt, lässt, schließt. Der Weg, der dadurch deutlich wurde, hat uns alle tief bewegt.

Ein paar Gedanken zu dem Weg, der im Gedicht begangen wird:
Diese Stadt, die gesucht wird, ist »allerlanden«. Das klingt wie überall und nirgendwo. Da sie einen Engel an der Pforte hat, scheint sie bewacht und beschützt zu sein. Der Engel, dessen schwer gebrochenen Flügel die Autorin trägt wie auch in der Stirne seinen Stern als Siegel, verweist auf das schwere Schicksal, an dem die Dichterin trug, an ihrem schweren Leben, an ihrer Zugehörigkeit, als Vermächtnis aus mythischen Zeiten. Der Weg geht durch die Dunkelheit der Zeit, wie schlafwandelnd im Traum.

Liebe in die Welt gebracht zu haben, ist das ureigenste Anliegen der Dichterin in vielen Ausdrucksformen – auch in die Dunkelheit der Zeit als Gegenbewegung zu tiefster Grausamkeit und Gewalt. Gefühl verbindet sich mit Geistigkeit als Inbegriff des lebendig Poetischen. Das Wachen mündet ein in Müdigkeit, da es kein Ende finden kann in dunklem Atemschlag, mit Gottes Hilfe.

Aus tiefster Verzweiflung erschließt sich ein bis in die Grenzenlosigkeit reichendes Gebet. Neben der Verheißung eines neuen Anfangs enthält es eine Katastrophenahnung von ungeheurem Ausmaß, die sich in der Lebenszeit der Dichterin verwirklichte.

Nach der Emigration gibt es Gedichte, die das Versöhnliche kaum noch zeigen. Sie zeigen, wie verzweifelt, heimatlos und zerrissen sie war, wie entsetzt über das, was den Juden in Deutschland widerfuhr, so dass sie schrieb, den Sohar zitierend:

Gottes Ebenbild ist verloren gegangen.

Die in der Emigrationszeit folgenden Gedichte zeichnen sich durch eine immer einfacher werdende Sprache aus, durch starke Hell-Dunkel-Kontraste. Es sind Nachtgedichte, Lieder einer dunklen Zeit mit ihrem schwingenden Gerüst hin und her schwebender und in sich schwankender Traumbilder. Ihre große künstlerische und menschliche Leistung besteht darin, dass sie ihr »Aussersichsein« immer wieder zurückholen kann, um es in ihren dichterischen Bildern kraftvoll zu konzentrieren.

Die Gedichte des letzten, zu Lebzeiten herausgegebenen Bandes (1943) »Mein blaues Klavier«, wie auch ein Gedicht heißt, sind unter großem Druck, sehr viel Schmerz, Enttäuschung und wachsendem Grauen entstanden. Es ist wie ein Wunder, dass sie entstehen konnten, dass ELS sie immer noch, wie sie ihre handwerklich dichterische Arbeit nannte »vergol-

Brandes & Apsel Verlag   389

dete« und sie auf ihre Art und Weise festlich gekleidet, mit der Hand einen Rhythmus schlagend, las.

Mein blaues Klavier

Ich habe zu Hause ein blaues Klavier
und kenne doch keine Note.

Es steht im Dunkel der Kellertür,
Seitdem die Welt verrohte.

Es spielen Sternenhände vier
– Die Mondfrau sang im Boote –
Nun tanzen die Ratten im Geklirr.

Zerbrochen ist die Klaviatür...
Ich beweine die blaue Tote.

Ach liebe Engel öffnet mir
– Ich aß vom bitteren Brote –
Mir lebend schon die Himmelstür –
Auch wider dem Verbote.

(ELS 1943, in 1902-1943, S. 335)

Die Dichterin spricht von ihrem blauen Klavier, der Musikalität ihrer Poesie. Es ist ein Klagegesang, dieses *blaue Klavier* nicht mehr spielen zu können. Diese weibliche Form der Phantasie musste ins Dunkel der Kellertür – die Mondfrau kann nicht mehr singen und die Sternenhände nicht mehr spielen. Es bleibt nur zu weinen und zu klagen über die Rohheit der Zeit »ich beweine die blaue Tote«.
Nur noch die Ratten, die Bewohner der Dunkelräume, tanzen im Geklirr. Damit sind die wesentlichen künstlerischen Ausdrucksmöglichkeiten im Singen und Spielen unmöglich geworden. Es bleibt nur die Sehnsucht nach Erlösung im Himmel – vorzeitig – wie in einem Kindergebet anmutend, um der unerträglichen Tragödie nicht mehr ausgesetzt sein zu müssen. Obwohl Dichtung in der Dunkelheit dieser Zeit nicht mehr möglich war, da »Das Spiel der Sternenhände und das Lied der Mondfrau verstummt sind, die Klaviatur zerbrochen ist«, wird die Unmöglichkeit insofern überwunden, als sie ausgesprochen und gestaltet wird. Das ist sicher das großartigste Paradoxon ihrer Emigrantenlyrik. Es war ihr nur in der Lyrik möglich, soviel Dunkelheit abzubilden, zu umfassen und sich doch nicht darin zu verlieren. Zumindest nicht innerhalb des Gedichtes, innerhalb des

lyrischen Raumes, der ihre besondere Stärke war, da sie hier ihr buntes Theben fand, in dem das Leben durch den spielenden, tanzenden Dichterprinzen Jussuf nie verglühte.
Ihre letzten Gedichte hat sie mit Anweisungen versehen, mit welchen Musikinstrumenten sie begleitet werden sollten. Sie hat auch zum Schluss einen künstlerischen Kreis, den »Kraal« gegründet, zu dem in Israel namhafte Künstler gehörten. Sie tagten oft in kleinen Zimmern oder in der Synagoge. Dennoch wurde Israel nicht, wie sie sich das erhofft hatte, zu ihrer zweiten Heimat. Sie sprach nicht hebräisch und hing an ihrem alten Leben in Berlin oder Wuppertal. Ihre vertrauten Freunde, ihre Familie gab es nicht mehr, und der Kreis von gleichgesinnten Dichtern konnte darüber nicht hinwegtäuschen. Und doch zeigt ihre Lyrik, dass sie in ihrer dichterischen Identität trotz tiefster Einsamkeit und Angst, die ihr Leben und ihre Dichtung in der Emigration prägen, nicht zerbrochen ist. Theben blieb bestehen in seiner lebendigen Buntheit und mit ihm sein Kostbarstes: Prinz Jussuf, analytisch ausgedrückt: die Gestaltung des *schöpferischen Selbstbezugs.*

In Jerusalem, wo sie die letzten Lebensjahre verbrachte, letztlich in gesicherten Verhältnissen, wie aus glaubhaften Quellen berichtet wird (Gottgetreu 1969) und mit Freunden, muss sie eine auffallende Erscheinung gewesen sein. Politzer (1977 in Bauschinger 1980, Einband) schreibt:

> »Sie war aus dem Geschlecht der Hexen. Der Hexe von En-Dor nämlich, die dem König Saul weissagte und den Geist seines Vaters herauframg. Wie in Trance ging sie durch die Straßen von Jerusalem, eine alte Frau, ein einsamer exotischer Nachtvogel mit gebrochenen Flügeln. Ihr Alraunengesicht trug schwer an der Last seiner Augen, die allzu viel gesehen hatten. Ihre Lippen waren bitter; wenn sie aber lächelten, wirkten sie kindlich und unschuldig«.

Ihre letzten Gedichte sind von Todesgewissheit erfüllt:

Ich weiss

Ich weiß, dass ich bald sterben muss
Es leuchten doch alle Bäume
Nach langersehntem Julikuss –

Fahl werden meine Träume –
Nie dichtete ich einen trüberen Schluss
In den Büchern meiner Reime.

Eine Blume brichst du mir zum Gruss –
Ich liebte sie schon im Keime.
Doch ich weiß, dass ich bald sterben muss.

Mein Odem schwebt über Gottes Fluss –
Ich setze leise meinen Fuß
Auf den Pfad zum ewigen Heime.
(ELS in 1988, S. 348)

Dieses Gedicht ist auf Deutsch von dem Rabbiner Wilhelm zusammen mit dem Kaddisch von Gersa Stern bei ihrer Beerdigung 1945 auf dem Ölberg vorgelesen worden. Dass dies möglich war, hängt mit der Wirkung und der versöhnenden Kraft ihrer Kunst zusammen.
Gottfried Benn hat 1952 an einem Lasker-Schüler-Abend etwas sehr Schönes gesagt:

> »...Wenn ich an dieses Grab denke, wünsche ich immer, dass eine Zeder vom Libanon in seiner Nähe steht, aber auch, dass der Duft von Jaffa-Orangen die glühende Luft jenes Landstrichs über diesem Grab heimatlich lindert und kühlt. Und falls sie einen Grabstein hat, würde ich neben die hebräischen Lettern in deutscher Schrift einen ihrer Verse setzen aus dem Gedicht AN GOTT:
>
>> Du wehrst den guten und den bösen Sternen nicht;
>> All ihre Launen strömen.
>> In meiner Stirne schmerzt die Furche,
>> Die tiefe Krone mit dem düsteren Licht...«
>> *(ELS 1902-1943, S. 169, 309)*

Ich verneige mich vor der Frau und Dichterin, die die stärksten Gegensätze in sich tragen musste und damit an ihrer Zeit trug, einer Zeit des kollektiven Wahnsinns und Verbrechens, die in ihrer Kunst die Unmöglichkeit einer poetischen Versöhnung auch dann noch bewirken konnte, als dies von der äußeren Wirklichkeit her im Schatten lag.
So ist ihr und uns ein großer Stern in den Schoss gefallen, ein Stern aus der »Grenzenlosigkeit« in unser »Meinwärts«.

Ausgehend vom dichterisch gestalteten Lebenslauf, der zur poetischen Identität der Künstlerin gehört und der eine schöpferische Ausgestaltung der faktischen Biografie darstellt, wird anhand von Gedichten und Zeichnungen die Bilderwelt der Dichterin aufgezeigt.
Anliegen ist, diese zur Wirkung kommen zu lassen, weniger zu analysieren. Diese orientalisch-jüdische Bilderwelt, ausgedrückt in deutscher Sprache, die von daher einen ungewöhnlichen Reichtum und eine poetische Tiefe erhält, vermag innere und äußere Erfahrungen des kollektiven Schattens, aber auch eines schöpferischen Selbstbezugs zum Ausdruck zu bringen, dessen wir auch in unserer einseitigen Welt zutiefst bedürfen. In orientalisch jüdisch gewandetem Deutsch werden wir genährt, so dass es uns

»ICH WILL IN DAS GRENZENLOSE ZU MIR ZURÜCK...«

möglich wird, möglich werden kann, selbst versöhnlich und offen zu sein, für die Grenzenlosigkeit unserer Seele, ihrer Abgründe und lichten Höhen, ohne uns verlieren zu müssen. Es ist ergreifend und erschütternd, dass die Dichterin dies in ihrer Lebenszeit aus sich herauszustellen vermochte, als Ausdruck ihrer schöpferischen Funktion, Gestalt geworden im Prinzen Jussuf von Theben.

Else Lasker-Schüler, Titelzeichnung für die »Hebräischen Balladen«, 1912 (DLS Marbach, © Mit freundlicher Genehmigung des Jüdischen Verlag, Suhrkamp Verlag, Frankfurt)

Äußere Wirklichkeit

(*G*: zu diesem Anlass entstand ein Gedicht)
1869 11.2. Else Schüler als sechstes Kind des Bankiers Aaron Schüler und seiner Frau Jeanette, geb. Kissing, in Elberfeld an der Wupper geboren
1880 Else verlässt die öffentliche Schule (Lyceum West an der Aue) und erhält im Elternhaus Privatunterricht.
1882 2. Feb. Bruder Paul geboren *G*
1890 27.7. Tod der Mutter Jeanette Schüler *G*
1894 15.1. Else heiratet in Elberfeld den Arzt Jonathan Berthold Barnett Lasker (1860-1928), mit dem sie nach Berlin geht. Atelier in Tiergarten
1897 März: Tod des Vaters Aaron Schüler
1899 Else lernt Peter Hille kennen *G*
Erste Gedichte veröffentlicht
24. 8. Sohn Paul geboren *G*
1900 ELS, Martin Buber und Gustav Landauer werden Mitglieder der »Neuen Gemeinschaft« in Berlin
1901 Leo Winz gründet in Berlin die Illustrierte Monatsschrift für modernes Judentum »Ost und West«. ELS schreibt einige Beiträge für die Zeitschrift
1902 »Styx«, erster Gedichtband
1903 Scheidung von B. Lasker Ende November: ELS geht eine zweite Ehe ein mit Georg Levin (genannt Herwarth Walden) *G*
1905 »Der siebente Tag«, Gedichte
1906 Das »Peter Hille-Buch« erscheint
1907 »Die Nächte der Tino von Bagdad«, Novellen
1908 Das Schauspiel »Die Wupper« erscheint
1910 H. Walden und ELS trennen sich. Er gibt die Zeitschrift »Sturm« heraus *G*
1911 »Meine Wunder«, Gedichte
1912 »Mein Herz«, Ein Liebesroman mit Bildern und wirklich lebenden Menschen.
1.11. Scheidung von H. Walden
Kurz darauf heiratet Walden Nell Roslund *G*
Tod der Schwester Anna *G*
Freundschaft mit Gottfried Benn *G*
1913 »Hebräische Balladen«
Der Essay-Band »Gesichte« erscheint
Jahresende: Russlandreise. ELS besucht Johannes Holzmann im Gefängnis
Freundschaft mit Franz Marc *G*

1914 »Der Prinz von Theben«, Erzählungen, Jahresanfang: Schriftsteller J. Holzmann im russischen Gefängnis gestorben G
Frühjahr: Treffen mit Georg Trakl G
1917 ELS »Gesammelte Gedichte« erscheinen
1920 »Die Kuppel«, Gedichte
1921 »Der Wunderrabbiner von Barcelona«, Erzählung
1923 »Theben«, Gedichte und Zeichnungen
1924 »Das Theater« Venedigreise G
1925 »Der Versöhnungstag«
ELS Schrift »Ich räume auf« kommt im Selbstverlag heraus
1926 »Das erleuchtete Fenster«
1927 14.12. Tod des Sohnes Paul an TBC G
1930 Walden emigriert in die Sowjetunion
1932 »Arthur Aronymus«, Erzählung und Schauspielfassung; »Konzert«; Essays. Sie erhält den Kleist-Preis.
1933 April: ELS flieht in die Schweiz nach Zürich, G, Sommer: Erster Besuch in Ascona. Lesungen im Privattheater von Charlotte Bara.
1934 März: Reise nach Ägypten und Palästina
1936 19.12.: »Arthur Aronymus und seine Väter« am Schauspielhaus Zürich inszeniert (Zwei Aufführungen)
1937 Juni: Zweite Palästina-Reise
1939 Ab Frühjahr: Dritte Pälästina-Reise. Der Ausbruch des Zweiten Weltkriegs macht eine Rückkehr nach Europa unmöglich.
ELS hält sich erneut in Jerusalem auf.
1941 Jahresanfang: Schauspiel »Ichundich« abgeschlossen (veröff. 1970, Uraufführung 1979)
1943 »Mein blaues Klavier«, der letzte Gedichtband ELS erscheint in Jerusalem. Bruch mit Martin Buber
1945 22.1. ELS in Jerusalem gestorben
23.1. Bestattung auf dem Ölberg

Literatur

Bauschinger, S. (1980): *Else Lasker-Schüler. Ihr Werk und ihre Zeit.* Stiehm Verlag, Heidelberg
Benn, G.. Einführung zu einem Lasker-Schüler-Abend am 23.2.1952
Dokumentation zur Gründung einer deutschen Stiftung »Die verbrannten und verbannten Dichter.« Eine Gemeinschaftsinitiative der »Else-Lasker-Schüler-Gesellschaft«, Wuppertal und des »P.E.E.-Zentrum deutscher Autoren im Ausland« London, 1993

Gottgetreu, E. (1969): *Die letzten Jahre der Else Lasker-Schüler. Erinnerungen zu ihrem hundertsten Geburtstag,* Die Zeit, 7.2.1969
Jung, C. G. (1922): *Analytische Psychologie und dichterisches Kunstwerk,* GW 15, Walter-Verlag, Olten 1984
Kupper, M. (1969, Hg.): *Briefe von ELS, Band I und II,* Kösel-Verlag, München, 1969
Klüsener, E. (1980): *Else Lasker-Schüler in Selbstzeugnissen und Bilddokumenten.* Rowohlt, Reinbek
Lasker-Schüler, E. (1902-1943): *Gedichte 1902-1943,* Deutscher Taschenbuchverlag GmbH & Co. KG, München 1992
Lasker-Schüler, E. (1996): *Gesammelte Werke in drei Bänden,* Hrsg. Friedhelm Kemp, Suhrkamp, Frankfurt/M.
Schuster, P. K. (1988): *Franz Marc – Else Lasker-Schüler, »Der Blaue Reiter präsentiert Eurer Hoheit sein Blaues Pferd«,* Karten und Briefe, Prestel, München

Bildnachweis: Abb. 1-4 aus Else-Laker-Schüler 1869-1945, bearbeitet v. E. Klüsener und F. Pfäfflin. *Marbacher Magazin 71,* 1995

Abstract

Elisabeth Adametz
Sterben, Tod und der Wert eines guten Abschieds
De- und reintegrative Prozesse des Selbst am Lebensende
und in Trennungssituationen

In diesem Beitrag wird Michael Fordhams entwicklungspsychologischer Jungianischer Ansatz, de- und reintegrative Prozesse in der frühen Kindheit zu beschreiben, erweitert und auch auf das Lebensende angewendet. Ich begleitete vor einiger Zeit meine Mutter auf ihrem Weg zum Tod und versuche, meine Beobachtungen und Erfahrungen, ebenso wie meine Reflexionen darüber, ausschnittsweise darzustellen. Dann zeige ich, welche Ähnlichkeiten und welche Unterschiede es gibt in den De- und Reintegrativen Prozessen des Selbst bei kleinen Kindern und bei Sterbenden, und welche Anforderungen an die Betreuungspersonen gestellt werden. Zum Schluss untersuche ich, wie das Verständnis der De- und Reintegration bei Sterbenden uns helfen kann in unserer analytischen Arbeit und in unserer Analytischen Haltung, insbesondere im Hinblick auf das Ende der Behandlung.

Schlüsselwörter: Deintegration, Reintegration, Sterben, Säuglingsalter, Ende der Analyse

Dying, Death and the Value of a Good Separation
Self, Deintegration and reintegration at the end of one's life
and in cases of separation

In this paper Michael Fordham's developmental Jungian approach to describing de- and reintegrative processes of the Self in infancy is broadened to also include these at life's end. Some time ago I accompanied my mother in the time leading up to her death and I try to describe some specific observations and experiences made during this time as well as my subsequent reflections thereon. Then I illustrate similarities and differences in the deintegrative and reintegrative processes of infants and those close to death, as well as the demands placed on carers in these situations. Lastly I examine how the understanding of de- and reintegration at life's end can help us in our psychoanalytical work and attitude, especially concerning the end of a treatment.

Keywords: Deintegration, reintegration, dying, infancy, termination of analysis

Elisabeth Adametz, Psychoanalytikerin (Erwachsene, Jugendliche, Kinder), Ärztin für Psychotherapeutische Medizin. Dozentin und Lehranalytikerin (Institut für Psychotherapie e.V. Berlin, DGAP). Publikationen zu analytischer Ausbildung, Entwicklungspsychologie u. Behandlungstechnik.
Urbanstraße 28, 10967 Berlin, E-Mail: adametz.elisabeth@berlin.de

Elisabeth Adametz
Sterben, Tod und der Wert eines guten Abschieds[1]
De- und reintegrative Prozesse am Lebensende und in Trennungssituationen

»Schon öfters ist an mich die Frage gerichtet worden, was ich vom Tod halte, von jenem unproblematischen Ende der menschlichen Einzelexistenz... Nie erhebt sich dringender und peinlicher die Frage nach Sinn und Wert des Lebens, als wenn wir sehen, wie der letzte Hauch einen eben noch lebendigen Körper verlässt. Wie anders erscheint uns der Sinn des Lebens, wenn wir den jugendlichen Menschen sich um ferne Ziele bemühen und Zukunft schaffen sehen, als wenn ein unheilbar Kranker oder ein Greis widerwillig und kraftlos ins Grab sinkt!« Mit diesen Worten beginnt Carl Gustav Jung seinen Aufsatz ›Seele und Tod‹, den er 1934 in Berlin veröffentlicht hat (Jung, 1934, § 796).

Ich hatte die erste direkte Begegnung mit dem Tod als Neunjährige an der Hand meiner Mutter, als ich meine verstorbene Großmutter, friedlich und wie schlafend aufgebahrt, in ihrem Schlafzimmer sah, Blumen und brennende Kerzen standen im dämmrigen Raum. Mutter nahm uns auch mit auf den Friedhof, wo sie die Gräber ihrer Vorfahren und das Grab ihrer kleinen, eineinhalbjährig ertrunkenen Schwester pflegte. Mutter, sie war 3 Jahre älter, erinnerte die aufgebahrte, geschmückte Schwester, viele Menschen, einen Kinderchor, und dass sie dahin wollte, wo ihre Schwester war. Später dachte sie, eines Tages auf diesem Friedhof ihre letzte Ruhe zu finden und sie hielt nicht viel von ausgeschmückten Paradiesvorstellungen.

Ich habe über 8 Monate meine Mutter auf ihrem Weg zum Tode begleitet, und ich werde jetzt meine sehr persönlichen Erfahrungen und Beobachtungen ausschnittsweise darstellen. Dann möchte ich zeigen, welche Ähnlichkeiten und welche Unterschiede es gibt in den Entwicklungsschritten bei kleinen Kindern und bei Sterbenden. Drittens möchte ich untersuchen, wie dieses Verständnis helfen kann in unserer analytischen Haltung und Arbeit, insbesondere in Trennungssituationen.

---

[1] Geringfügig veränderter Vortrag, gehalten auf dem XVI. Internationalen Kongress der IGFAP mit dem Thema *Edges of Experience* in Barcelona 2004 .

Vorgeschichte

(In der Folge spreche ich von M, das steht für Mutter und für ihren Vornamen Marianne.)
M hat ihr Leben lang an einem Ort gewohnt. Sie lebte zuletzt allein, wenn auch mit Hilfe, in Haus und Garten und wäre dort sehr gerne bis zu ihrem Ende geblieben. Im Winter ihres 85. Lebensjahres brach sie sich bei einem Sturz den Arm. Sie hatte schon 2 Jahre einen kleinen, inoperablen Hirntumor, der gelegentlich Krampfanfälle ihres rechten Armes und Beines auslöste, was sehr verunsichernd war, und ihre Lebenskräfte nahmen deutlich ab. Weil sie nicht mehr in ihrem Haus versorgt werden konnte, brachten wir sie, zunächst für vier Wochen, in ein nahe gelegenes Pflegeheim, wo sie sich schon ein Jahr zuvor angemeldet hatte. Bald konnte sie wieder mit Hilfe laufen, sie hatte Besuch von zahlreichen Verwandten, FreundInnen und alten MitschülerInnen, von denen einige auch in diesem Pflege- und Wohnheim lebten. Sie erzählte von ihren Erlebnissen und war, wie immer, sehr interessiert, von uns zu hören. Nach anfänglicher Besserung wurde sie wieder schwächer, und sah, dass sie nicht mehr in ihr Haus zurückkehren konnte, was für sie eine sehr schmerzliche Enttäuschung war.

Einzelne Situationen

– M will Mittagsschlaf machen, ich verabschiede mich zu einem Spaziergang. Sie: »Gehst Du allein?« Ich: »Ja – möchtest Du mitkommen?« Sie, nachdenklich: »Jetzt kann ich nicht mehr, und als ich noch gekonnt hätte, da wollte ich oft nicht.«
– Wir sitzen in der Cafeteria, M im Rollstuhl. Am Nachbartisch spielt ein Mann mit einem etwa sechsmonatigen Baby, er stemmt es in die Luft, nimmt es wieder auf den Schoß. Dann treffen sich die Blicke des Babys und Ms Blicke. Sie schauen einander einige Zeit unverwandt an. Es ist wie ein verstehender Austausch ohne Worte in einem Bewusstseinzustand, in dem Zeit und Raum nicht von Bedeutung sind. Vielleicht ähnlich wie im Schlaf, wenn die Bewusstseinsschwelle sinkt und unsere Träume zu uns kommen.
– Sie kann noch sitzen, ist aber schon ziemlich schwach und will immer wieder zur Toilette. Sie hält sich dabei klammernd fest, und es ist furchtbar schwer, sie zu halten, obwohl sie klein und zart ist. Ich fürchte, sie reißt mich mit in den Abgrund, und sage: »Es ist so schwer, dich zu halten, wenn Du so festhältst, wir fallen gleich beide um. Du ziehst wie eine Ertrinkende!« »Ja«, antwortet sie: »Vielleicht fühl ich mich so, wie

eine Ertrinkende!« Diese deutlichen Worte lassen mich inne halten, ihre Situation wird plötzlich klarer.
- Sie liegt schon die meiste Zeit im Bett, wir sprechen aber noch viel miteinander. Ich denke, dass wir unsere gute Fähigkeit zur Geduld bisher eher außerhalb der Familie üben, und sage: »Vielleicht sollen wir noch lernen und Zeit haben, miteinander geduldig zu sein, dafür war bisher wenig Gelegenheit.« Sie: »Na, das ist ja vielleicht für Euch angenehmer als für mich!« Das hatte ich nicht gemeint, aber ich fühle mich geduldig und entspannt, auch M ist geduldig, sie ist dankbar für unsere Hilfe, freut sich über unsere Gegenwart und ist mit uns zufrieden, wie wir sind; das war nicht immer so.

Zeit und Ungeduld

M hat kein Gefühl mehr für die Zeit. Sie wartet Wochen auf die Rückkehr ihrer Enkelin von einer weiten Reise: »Ist es morgen?« »Wann kommt sie?« Sie vergisst die Antwort und fragt wieder, bis die Enkelin endlich da ist mit ihrer jugendlichen Liebe und Zugewandtheit. Auch nach dem Zeitpunkt der goldenen Hochzeit ihrer Schwester fragt sie, und es ist für sie eine bittere Enttäuschung, dass sie wegen ihrer Schwäche nicht mehr dabei sein kann. Danach wird Zeit unbedeutend. Sie könnte vom Bett aus dem Fenster ins Frühlingsgrün schauen, sagt aber: »Ich möchte gar nichts mehr sehen. Ich möchte nur noch die Augen zumachen, ich bin ganz zufrieden.«
Dann beginnt eine Phase der Ungeduld. Sie wühlt im Bett herum, wirkt gequält, stöhnt und kann sich nicht mehr so bewegen, wie sie will. Wir helfen ihr, die Arme und Beine zu bewegen, sie bequemer zu lagern, was ihr Erleichterung bringt. Sie wiederholt über Tage: »Ich halt es nicht mehr aus!« »Es muss doch irgendwann mal wieder besser werden!« Schließlich fasse ich mir ein Herz, ich fühle mich sehr unsicher, aber ich spreche es aus: »Denkst Du manchmal auch, dass es vielleicht nicht besser wird, dass Du vielleicht sterben musst?« Sie: «Daran denke ich die ganze Zeit!« Ich: »Wenn wir beide daran denken und sitzen hier zusammen, können wir es lieber sagen.« Der Rest des Wochenendes verläuft still. Ich bleibe unsicher, ob meine Worte richtig waren. Früher haben wir oft über den Tod gesprochen, sie hat alles dafür vorbereitet, aber jetzt, wo er so nah ist, ist es anders. Zum Abschied sagt sie: «Das war gut, wir haben über vieles gesprochen!« Ich: »Ich wusste nicht, ob es Dir zuviel war?« Sie: »Nein, gar nicht.« Sie erzählt ihrer Schwester, dass wir über wichtige Dinge gesprochen haben.

Das Essen

In den ersten Wochen gehen wir ins Restaurant des Heimes. Sie isst selbständig, braucht dann langsam zunehmend Hilfe. Als sie bettlägerig ist und schließlich nicht mehr alleine essen kann, lässt sie sich füttern. Wir schauen uns dabei an, ich spreche zu ihr, später bemerke ich, dass ich entsprechende Mundbewegungen mitmache, manchmal führt sie ihre Hände mit zum Mund, wie es sehr kleine Kinder tun. Wenn sie nicht mehr essen möchte, schließt sie den Mund, wendet den Kopf zur Seite. Solange sie schaut, zeigen wir ihr, was den Appetit wecken könnte. Später kann ich noch die Lippen anstupsen, berühren, manchmal mag sie dann noch. Es gibt einen kurzen Zeitraum, in dem sie mit gutem Appetit isst, aber die Augen schon geschlossen hält und nur noch zu besonderen Momenten öffnet. Für mich hat das etwas Befremdliches, wie kann sie Hunger haben, wenn sie schon gar nichts mehr sehen will? Eine Krankenschwester sagt: »Jetzt geht es ja noch, aber wenn sie erst nichts mehr essen mag, das ist deprimierend.« Tatsächlich ist es so. Ich fühle es, etwas überrascht, als Ablehnung, auch als etwas Trauriges, dass sie gar nichts mehr von der Welt möchte, und es bedarf einer aktiven inneren Verarbeitung, damit ich es mit freiem Herzen akzeptieren kann. Die anwesende Enkelin fragt: »Schimpfst Du nicht mit ihr, wenn sie nicht isst?« »Nein, ich schimpfe nicht.« »Ich denke, sie muss essen, sonst wird sie immer schwächer und isst noch weniger!« »Ja, sie wird immer schwächer, sie muss jetzt gar nichts mehr, was sie nicht will.« Aber sie mag manchmal einen Schluck trinken, manchmal etwas Weiches, Süßes, manchmal ein Stück Obst. Ihr Sohn fragt, als sie nicht mehr essen mag: »Streikst Du jetzt?« Sie, überraschend klar: »Ja: ich streike, ich streike auf der ganzen Linie!« In den letzten Tagen trinkt sie nicht mehr aus der Tasse, nimmt nicht den Löffel in den Mund, hält die Lippen geschlossen. Wenn sie durstig ist, lässt sie sich einen Schluck mit einer kleinen Spritze einflößen.

Sprechen und Atmen

In den letzten Wochen spricht sie immer seltener, manchmal sagt sie ein paar Worte wie aus großer Tiefe. Ich spiele leise auf einer Mundharmonika, sie schaut mich erstaunt und freudig an, auch das geht nur ein paar Tage. Sie hat es aber gern, wenn ich ihr leise vorsinge, zur Nacht die Lieder, die sie früher uns vorgesungen hat, die sie aus ihrer Kindheit kennt. Dann sage ich ihr, dass ich morgen früh wiederkomme. Sie schläft nachts ruhig, ist zufrieden, dass ich ein paar Minuten entfernt wie eine Abgesandte in ihrem Haus wohne, morgens bringe ich Blumen aus ihrem Garten, die sie dann –

ebenso wie mich – gerne und wach anschaut. Wenn sie wacht, sitze ich nah bei ihr. Manchmal erzähle ich ihr oder streichle sie, wenn ihre Atmung unruhiger wird. Die Pausen nach dem Ausatmen sind unregelmäßig, manchmal sehr lang. Oft wissen wir nicht, ob sie wieder einatmen wird.

Das Abendmahl

Acht Tage vor ihrem Tod halten wir nächsten Verwandten mit ihrem jungen, freundlichen Lieblingspfarrer eine kleine Andacht mit Abendmahl in ihrem Zimmer. M schläft, dann schlägt sie die Augen auf, schaut uns alle der Reihe nach sehr aufmerksam und ernst und sehr bewusst an, wandert mit ihren Blicken noch einmal zurück, als würde sie uns einzeln begrüßen oder sich unseren Anblick einprägen wollen oder uns segnen. Sie nimmt dann aufmerksam und zufrieden einen Teelöffel voll Traubensaft und bleibt bis zum Ende der Zeremonie sehr wach. Den Nachmittag verbringen wir beide sehr ruhig und entspannt.
Am nächsten Morgen kommt ihr Neurologe, der ihr bei der Untersuchung Schmerzen zufügt. Hier sehe ich zum letzten Mal, und ich hatte sie sehr lange nicht mehr so gesehen, wie sie voller Hass und Zorn über diese überflüssige Quälerei ihn mit ihren sonst so ruhigen und klaren Augen anblitzt. Es braucht einige Zeit, bis wieder Beruhigung eintritt.

Der Tod

Als ich an diesem strahlenden Sommermorgen ihr Zimmer betrete, atmet sie ganz schwer. Ihre Haut ist gerötet und heiß, voller Schweißperlen. Sie ist angestrengt und beunruhigt, schaut mich hilfesuchend an. Ihr Mund ist trocken, sie trinkt mehrere Spritzen voll Tee und Wasser nacheinander durstig aus. Sie atmet weiter schwer. Ich wische ihr mit einem feuchten Tuch den Schweiß ab, befeuchte ihren Mund, ich streichle ihren Rücken, die Seiten, lege ihr eine Hand auf den Bauch, damit die Atmung sich beruhigen kann. Es ist für uns beide eindeutig, dass jetzt das Ende wirklich kommt. Still sitze ich bei ihr, halte ihre Hand, sage, dass sie dahin gehen wird, wohin ihre kleine Schwester, ihre Eltern, ihr Mann schon vorausgegangen sind, wohin wir ihr eines Tages folgen werden. Dass es traurig ist, dass sie jetzt von uns gehen muss. Dass sie sich um uns keine Sorgen machen soll und dass wir an sie denken werden. Sehr leise singe ich alte Lieder – ein Singsang über die Flüchtigkeit des Lebens, und Lieder, die sie sich für ihre Beerdigung, ihren Tod gewünscht hat.
Dann wird sie wieder ruhig und atmet leicht. Ich bin ganz still, sitze ihr sehr

nah, sie liegt ein bisschen in meine Richtung geneigt. Ihre Augen beginnen sich sehr schnell hin und her zu bewegen, ich denke, dass sie jetzt ihr ganzes Leben sieht. Obgleich ich so nahe bin und ganz geöffnet und diesen Zustand wie eine gemeinsame Entrückung erlebe, sind wir gleichzeitig auch ganz getrennt. Dann hören die raschen Augenbewegungen auf. Sie schaut mich ruhig und aufmerksam an, auch das geht eine ganze Weile. Dann schließt sie ihre Augen sanft, aber dennoch mit Nachdruck, und dann atmet sie zum letzten Mal aus.

Mein inneres Bild in dieser Situation finde ich etwas prosaisch: Ein Mensch steht auf einem hohen Sprungbrett, unten das Wasser, er entscheidet sich und springt.

Ich bleibe eine Weile bei ihr sitzen, bevor ich die Krankenschwester hole. Wir zünden Kerzen an, sie legt ihr ein paar Blumen in die Hände. Später ziehen wir ihr ein frisches Nachthemd an, sie hat weder Urin noch Kot entleert. Ihre Augen öffnen sich nicht mehr, ihr Mund ist entspannt und geschlossen. Sie liegt jetzt auf dem Rücken, die Hände zusammen auf der Brust, und sieht ruhig und sanft aus, als wenn sie leise schläft. Gleichzeitig fühle ich sie ganz präsent im Raum. Wir halten Totenwache bei ihr bis zum späten Abend.

Theorie

Ähnlichkeiten in der Pflege von Säuglingen und Sterbenden

C. G. Jung schreibt 1931 in seinem Aufsatz ›Die Lebenswende‹: »Die 180 Grade unseres Lebensbogens zerfallen in vier Teile ... Die bewusste Problematik erstreckt sich über das zweite und dritte Viertel, ... Kindheit und hohes Alter sind zwar äußerst verschieden, aber haben das eine gemeinsam, nämlich das Eingetauchtsein in unbewusst Seelisches. Da die Seele des Kindes aus dem Unbewussten sich heraus entwickelt, so ist seine Psychologie ... doch eher auszumachen als die des Greises, der in das Unbewusste wieder versinkt ... Kindheit und Greisenalter sind die problemlosen Zustände des Lebens ...« (Jung, 1931, § 795). Ich denke, dass wir unsere Probleme bei den tiefgreifenden Entwicklungsschritten in der frühen Kindheit, im Alter und im Sterben ganz deutlich wahrnehmen, aber nicht in der Lage sind, sie alleine zu lösen. Bei der Betreuung meiner Mutter in ihrer letzten Lebenszeit gab es viele Parallelen zur Versorgung eines kleinen Kindes.

Winnicott spricht von »einer lebendigen Anpassung an die Bedürfnisse« und vom notwendigen ›Halten‹ »Es umfasst die ganze Pflegeroutine während des Tages und der Nacht, und sie ist bei jedem ... anders, ... weil keiner dem anderen gleicht. Es folgt ... den winzigen Veränderungen, die ... zur physischen und psychischen Entwicklung ... gehören.« (Winnicott, 1960, S. 69 + 63). Er meint den Säugling, aber das gleiche trifft für Pflegebedürftige zu, die ebenso ein körperliches wie mentales ›Halten‹ brauchen. Mutter brachte bis zuletzt, ähnlich wie es schon ein Neugeborenes tut, das Gutschmecken oder Angewidertsein, Hunger und Durst, Sattheit oder Gestilltheit mimisch und gestisch zum Ausdruck. Als sie nur noch wenig aß, erinnerte sie mich an ein trinkschwaches Baby, dessen Lippen man mit der Brustwarze oder dem Fläschchenschnuller anstupsen kann, um es zu verlocken, zu trinken und zu gedeihen. Es hilft, wenn wir gegenseitiges Anschauen ermöglichen, und unsere Augen dem Baby öffnen, aber wir sollten ihm auch erlauben, sich wieder abzuwenden, und es nicht intrusiv verfolgen. Ebenso quält und bindet es die Sterbende, wenn sie zu sehr gebraucht wird.

Deintegration und Reintegration
am Lebensanfang und am Lebensende

Michael Fordham, der als erster Jungianischer Analytiker die frühe Kindheit untersucht hat, postuliert ein Primäres Selbst, das vom Lebensbeginn an existiert. Er sagt:»Ich stellte es mir vor als psychosomatische Einheit, in der alle angeborenen Potentiale geborgen sind, die wir brauchen, um die Erfahrungen des Körpers und der Seele erleben zu können.« (Fordham, 1995, S. 70) Das Selbst öffnet sich von Anbeginn mit archetypischen, angeborenen und unbewussten Erwartungen, wenn es etwas braucht. Mit einfachen Worten: Das Baby ist sehr aktiv und versteht es, die Aufmerksamkeit und Liebe der Mutter zu erregen, es hat vielleicht Hunger und schreit. Die aufmerksame Mutter hört ihr Kind, gibt ihm ›Gute Milch‹ (das ist Milch mit Liebe), und das Kind kann, wenn der Kontakt zwischen seinem Selbst und dem Selbst der Mutter gut ist, die Milch trinken, satt und zufrieden einschlafen, verdauen und wachsen. Nach Fordham nennen wir den Vorgang des Öffnens Deintegration, den Vorgang des Aufnehmens und Verarbeitens Reintegration. Hierbei bedürfen wir der Ruhe; die schenkt am Lebensanfang wie am Lebensende oft der Schlaf oder ein halbbewusster traumähnlicher Zustand (vgl. Fordham, 1985). Ich stelle mir diese Vorgänge, bezogen auf das Selbst, den Körper und das Ich folgendermaßen vor: Beim Baby überwiegt das Aufnehmen, hier wachsen durch de- und reintegrative Prozesse Ich-Fragmente zu einem Ich zusammen, und das Bewusstsein wächst entsprechend, Zeit und Raum gewinnen an Bedeutung. Das Ich kann zunehmend den ebenfalls wachsenden Körper ergreifen und beim Erlernen von motorischen Körperfunktionen helfen, sich nach dem Erlernen aber auch wieder zurückziehen und auf andere Interessen richten. Bei Sterbenden überwiegt das Abgeben. Es scheint so zu sein, dass durch Deintegration Ich-Anteile abgegeben werden, dieses betrifft sowohl die Ich-Funktionen des Körpers als auch des Bewusstseins, wenn die Entwicklung so langsam und deutlich verläuft, wie ich es geschildert habe. Raum und Zeit verlieren an Bedeutung. In der Reintegration muss dann der Verzicht oder der Verlust verarbeitet werden. Die Entwicklung am Lebensanfang und am Lebensende verläuft konsequent in Gegenrichtung, aber De- und Reintegration liegen immer nahe beieinander oder können gleichzeitig geschehen. Der alte Mensch hat durch die Erfahrung seines Lebens einen unvergleichbar größeren Schatz an Erinnerungen und archetypischen Bildern, in denen er leben kann. Das Neugeborene öffnet Mund und Augen, sein erster Atemzug ist ein Einatmen und es will die Welt, zunächst in der Gestalt der Mutter, ergreifen. Die Sterbende schließt die Augen und den Mund und mit dem letzten Atemzug, einem Ausatmen, wird auch der Körper an die Welt zurückgegeben.

Parallelen zur psychoanalytischen Situation

Die Intimität der gemeinsamen und doch auch unterschiedenen Erfahrungen von Mutter und mir zeigt Parallelen zu psychoanalytischer Arbeit. Dieses betrifft Ängste zu Behandlungsbeginn, aber auch Phasen tiefer Regression, vorwiegend in Analyseabschnitten mit Frequenzen von drei oder mehr Sitzungen/Woche. Die PatientInnen liegen auf der Couch, die hier einen Teil der haltenden Funktion übernimmt. Ich sitze nahe neben dem Kopfende, so als wenn wir gemeinsam am Meer sind und hinausschauen. Durch die gemeinsame Blickrichtung oder wenn wir uns gleichzeitig anschauen, können wir eine große Nähe erleben.
Winnicott (1958, S. 43) sagt: «Die Grundlage der Fähigkeit zum Alleinsein ist die Erfahrung des Alleinseins in Gegenwart eines anderen Menschen. Auf diese Weise kann ein Säugling mit einer schwachen Ich-Organisation auf Grund einer zuverlässigen Ich-Stützung allein sein.» Das Baby kann sich mit sich selbst beschäftigen oder einschlafen, wenn es die Betreuungsperson anwesend weiß. Auch Mutter schlief und wachte in den letzten Wochen ganz in ihrem eigenen Rhythmus. Ich habe den Eindruck, dass sie das so ruhig konnte, weil sie uns anwesend wusste. Patientinnen und Patienten lernen dadurch, dass sie immer wieder kommen, in der Stunde bleiben und am Ende der Stunde wieder gehen müssen, das Kommen, das Bleiben und das Weggehen. Sie kommen mit einer Vergangenheit, erleben bei uns eine Gegenwart mit de- und reintegrativen Prozessen und wir entlassen sie in eine Zukunft. Dieser Zyklus findet in jeder Stunde statt.

Das gute Objekt, das schlechte Objekt, das fehlende Objekt und Desintegration

Was wir in einer Deintegration erwarten, können wir beim Aufnehmen und Reintegrieren als gutes, oder als schlechtes Objekt wahrnehmen. Das Objekt, das nicht da ist, ist ein Sonderfall des bösen Objektes. Wenn unser Ich und unsere Frustrationstoleranz stark genug sind, kann ein fehlendes Objekt uns zum Denken anregen. Fordham (1985, S. 60) sagt: »Wenn nach einer Deintegration keine Reintegration folgt, kann es zu Spaltungen kommen, dann wird das Objekt nicht entweder ›gut‹ oder ›schlecht‹ sein, sondern ein beharrlicher Verfolger.« Er beschreibt eine Babybeobachtung (1985, S. 58): »Als N (das Baby) etwa 1 Jahr alt war, begann seine Mutter ihn mit ihrem möglichen Weggehen zu necken. Dann ging sie plötzlich wirklich für ein paar Stunden. N. war untröstlich. Schließlich, in verzweifeltem Verfolgungsgefühl, weinte er sich selbst in Schlaf.« Dieser Verzweiflungszustand wird Desintegration genannt, er geht über in eine Erschöpfung, die nicht dem Wachstum dient. Babys können im Zustand der Desintegration einschlafen, Menschen können in Desintegration sterben, auch PatientInnen können von uns gehen im Zustand unvollständiger Reintegration oder in Desintegration.

Der Abschied

Wenn wir Analytikerinnen und Analytiker uns in der Abschiedssituation regelhaft stören lassen, oder regelmäßig als Erste den Therapieraum verlassen, lernen Patientinnen und Patienten nicht, dass sie selber gehen müssen, obwohl wir noch da sind. Sie lernen dann nicht, selber die Tür zu schließen und uns zurückzulassen. Wir können Weggehen nur lernen, wenn ein Mensch da ist, von dem wir weggehen können, und wenn wir über lange Zeit die Gewissheit entwickeln können, dass wir zu ihm zurückkehren dürfen und ihn wieder finden werden. Wenn wir nur alleine sind oder gehen, weil niemand mehr da ist, können wir weder die Fähigkeit zum Weggehen noch zum Hingehen entwickeln, sondern müssen statt dessen umherirren. So ist es auch im Hinblick auf die Beendigung der Analyse wichtig, dem jeweils individuellen Abschied als Thema an sich ausreichend Bedeutung und Zeit zu geben. Wenn Abschiede nicht gelingen, kann es zu sehr destruktiven inneren Bindungen an die verlorene Person kommen, die dann, bewusst oder unbewusst, immer weiter ohne wirkliche Hoffnung gesucht wird. Solche Bindungen sind sehr schwer wieder aufzulösen. Ich möchte mich hier dem Paradoxon des Abschieds annähern, und zwar nicht, indem ich im Ende schon wieder einen neuen Anfang sehe, sondern

Brandes & Apsel Verlag

weil wir beim Innehalten in der Grenzsituation des Abschieds etwas Besonderes erleben können. Wir müssen anwesend sein, um Abschied nehmen zu können. Jeder Versuch, hier »Sinn« zu finden oder in unserem Bedürfnis nach Finalität die Gegenwart zu überspringen, stört die erforderliche Präsenz ganz erheblich. Vielleicht können wir als Ziel anstreben, die Gegenwart wahrzunehmen und zu erleben, bei gleichzeitiger Durchlässigkeit für die Vergangenheit und in die Zukunft. Bion nennt diesen Zustand ›O‹: »... der Aspekt der menschlichen Persönlichkeit, der befasst ist mit dem Nichtgewussten und dem letztlich Unwissbaren ... kurz, ich benutze O, um dieses zentrale Geschehen jeder Situation zu repräsentieren, dem der Psychoanalytiker begegnen muss.« Ich denke, es sind sehr seltene und seltsam beglückende Momente, in denen wir diese vollständige Unwissenheit in großer Ruhe und vertrauensvoller Hingegebenheit erleben können, in denen wir gemeinsam dem Alltag entrückt sind, aber dennoch nicht in einem Zustand der Diffusion und Ununterscheidbarkeit. Er sagt auch: »Sie (die Psychoanalyse) muss eine Wissenschaft des at-one-ment[2] sein ... und nicht der Identifikation.« (Bion, 1970, S. 88 + S. 90) In der Sterbestunde meiner Mutter, die ich oben beschrieben habe, hatte ich den Eindruck dass ›at-one-ment‹ und ›O‹ erlebbar waren.

Schluss

Der Individuationsweg im irdischen Leben beginnt mit der Konzeption/der Geburt und endet mit dem Tod. Wenn auch De- und Reintegrationsprozesse während des ganzen Lebens stattfinden, so sind sie doch in der frühen Kindheit und – wie mir scheint – auch am Lebensende und in Abschiedssituationen in besonders deutlicher Weise wahrzunehmen und bedürfen oft der Unterstützung.

Fordham bezeichnet auch das Aufgeben bereits erworbener Fähigkeiten als Desintegration (vgl. 1993). Ich habe versucht darzustellen, dass wir auch bereits erworbene Fähigkeiten de- und reintegrativ abgeben können und dass auch der Tod nicht in jedem Falle in einer Desintegration eintreten muss.

---

[2] at-one-ment ist ein vieldeutiges zusammengesetztes Wort, so sind darin enthalten: atonement, Sühne, Versöhnung, to be at one with..., einig sein mit..., at one moment, in einem Moment (Übersetzungen der Zitate aus dem Englischen von Elisabeth Adametz).

Literatur

Bion, Wilfred R. (1970): Attention and Interpretation, *Chapter 9 (Ultimate Reality)*, Maresfield Library, Karnac, Third impression, 1993
Fordham, Michael (1985): Integration-deintegration in infancy. In: *Explorations Into The Self*, Academic Press, London, 1985
Fordham, Michael (1993): The Ageing. In: *The making of an analyst*, Free Association Books, London, 1993
Fordham, Michael (1995): The Model. In: Freud, Jung: *Klein – the fenceless field*, Routledge, London, 1995
Jung, C. G. (1931): *Die Lebenswende,* GW 8, Walter-Verlag Olten, 1991
Jung, C. G. (1934): *Seele und Tod,* GW 8, Walter-Verlag Olten, 1991
Winnicott, D. W. (1958): Die Fähigkeit zum Alleinsein. In: *Reifungsprozesse und fördernde Umwelt*, Kindler, 1990, München
Winnicott, D. W. (1960): Die Theorie von der Beziehung zwischen Mutter und Kind. In: *Reifungsprozesse und fördernde Umwelt*, Kindler, 1990, München

Buchbesprechungen

Fritz Riemann, Wolfgang Kleespies:
Die Kunst des Alterns. Reifen und Loslassen
Ernst Reinhardt Verlag, München, Basel 2005
ISBN 3-497-01761-2
kart., 3. überarbeitete Auflage, 163 S., 12,90 €

Ein kühnes Unterfangen: zwei Autoren, die zeitungleich an einem schließlich gemeinsamen Text arbeiten, dessen erste Fassung, aus Fritz Riemanns Nachlaß stammend, bereits vor über zwanzig Jahren erschienen war. Nun hat sich Wolfgang Kleespies auf Ersuchen des Verlages erneut an das Vorliegende herangewagt und es kongenial weiterentwickelt. Herausgekommen ist eine nicht nur für die Fachöffentlichkeit hoch interessante tiefschürfende Behandlung eines Themas, welches uns alle angeht: das Altern, seine Probleme und – besonders – seine Chancen.
Selten bekommt man die tatsächliche Tragweite und Brisanz des jungianischen Grundkonzeptes von der Individuation so vor Augen geführt, wie im Zusammenhang mit dem Älterwerden und dem damit verbundenen notwendigen sukzessiven Rückzug aus der Welt, die der großen Mehrzahl der Menschen so lange Taktgeber des Lebens ist, bis dieser Rhythmus nicht mehr gehalten werden kann, sei es, weil die Hauptthemen – Beruf, Partnerschaft, Kinder – so oder so abgehandelt sind oder weil das Tempo des immer Neuen in seiner ewigen Wiederkehr uns zur Abwendung drängt. Welcher hohe Stellenwert der Individuation als subjektiver Sinnsetzung und Sinnfindung in dieser notwendigen Krise des Lebens zukommt, zeigen die Autoren in überzeugender Weise.
So wird, nach einer sehr lesenswerten Abhandlung über das Glück, in einfühlender und eindrücklicher Weise der spätestens im Alter anstehende Paradigmenwechsel von das Leben genießen zu das Leben gestalten veranschaulicht. Hierbei wird sehr deutlich, wie sehr es darauf ankommt, von einer Haltung des Habenwollens zu einer des Gebenwollens zu gelangen um loslassen zu können, was ohnehin nicht auf ewig zu halten ist, um es im Weitergeben als Wichtiges und Wertvolles zu erhalten.
Damit ist unmittelbar auch der vielzitierte Dialog zwischen den Generationen angesprochen, der unter der hier eingenommenen Perspektive des Lebens als Ganzheit – zu deren Verrundung und Erfüllung sowohl ein gutes Alter als auch ein guter Tod gehören – neue und wichtige Dimensionen bekommt.

BUCHBESPRECHUNGEN

Nicht ausgelassen ist das caput mortuum, jener allerletzte Abschnitt unseres irdischen Daseins, der besonders im Kapitel »Einstellungen zum Tod« wichtige und tiefgreifende Erörterung findet. Besonders verdienstvoll ist hier die Wiederaufnahme der weitenteils in Vergessenheit geratenen Betrachtungen Eduard Wechsslers aus den Dreißiger Jahren des 20. Jahrhunderts mit seiner Unterscheidung von vier Einstellungstypen zum Sterben, was ein Instrumentarium an die Hand gibt, mit dem sich die qualitativen Differenzen begreifen lassen, mit denen sich Menschen, ihrer jeweils eigenen »Philosophie« folgend, dem Thema nähern. Ausgesprochen hilfreich ist auch die hieran anschließende Darstellung des final-prospektiven Aspektes des Lebens, in dem das immerwährende grundlegende Wandlungsbedürfnis des Menschlichen deutlich hervortritt.

Versöhnlich, mutmachend, vielleicht sogar optimistisch stimmend machen sich die Erläuterungen der Tugenden und der geistigen Freiheit des Alters aus. Es wird klar, dass und warum Altern nicht Abschied und Verlust bedeuten müssen, sondern auch Entpflichtung, auch Wandel hin zu einer heiteren Distanz, in eine neue Form der Geborgenheit, die nicht mehr auf Macht, Besitz und Abgrenzung, sondern auf einem endlichen Einswerden mit der Welt und sich beruht.

Riemann und Kleespies – der zweite ein expliziter, der erste ein zumindest impliziter Jungianer – haben einen wichtigen Beitrag zu einem heiklen und oft vernachlässigten (um nicht zu sagen: geflohenen) Thema geleistet, der sowohl uns als Behandlern als auch unseren Patienten wertvolle Hilfe sein wird.

Robert Wimmer, Berlin

J. Beebe (Hrsg.):
Terror, Violence and the Impulse to Destroy.
Perspectives from Analytical Psychology.
Daimon Verlag, Einsiedeln 2005
ISBN 3–85630–628–5, 410 S., € 23,00

Ein hervorragendes Buch! Zwölf Vorträge, ein Vorwort und eine Antwort zu einem Vortrag stellen eine umfangreiche Sammlung wichtiger Aspekte zu diesem aktuellen Thema dar. Manchmal scheint der Wunsch nach Frieden stärker im Vordergrund zu stehen als die Analyse von Terror, Gewalt und Zerstörung. Tatsächlich ist die Konfrontation mit diesen Aufsätzen sehr bewegend. Eindrucksvoll ist die eigene Betroffenheit vieler der Vortragen-

den. Die Vielfalt der zusammengetragenen Aspekte steht in angemessenem Bezug zu der Dimension des Themas. Beispielsweise Jacqueline Gerson's Arbeit über Kidnapping als lateinamerikanischem Terror offenbart tiefgründige Wurzeln einer dort alltäglich gewordenen Gewaltkriminalität. Aufregend ist es, Judith Heckers, einer Jüdin, Ansichten zum Thema aus islamischer Sicht zu lesen, wobei sie von merkwürdigen Erlebnissen synchronistisch erscheinender Art umgeben zu sein scheint. Mary Dougherty's Beschreibung, wie das Leben zweier Analysandinnen durch erlittene Gewalt gekennzeichnet ist, weist die Nachwirkungen des Schauders im äußerlich erfolgreich erscheinenden Alltag auf. Es folgen Arbeiten, die die Theorie kollektiver Komplexe verfolgen und den Archetyp der Furien aufnehmen. »Musik und die Psychologie des Pazifismus« heisst die Überschrift zu Arthur D. Colman's Auseinandersetzung mit dem Anliegen des Komponisten Benjamin Britten und mit dessen Kriegsrequiem, das dieser zur Wiedereinweihung der nach der Zerstörung im Krieg wiederaufgebauten Kathedrale von Coventry komponierte. Naomi Ruth Lowinsky schließlich beschäftigt sich mit Jung's »Antwort auf Hiob« vor dem Hintergrund ihrer Existenz in der Folgegeneration einer Familie, in der zahlreiche Familienmitglieder Opfer der Judenverfolgung wurden.
Am Beispiel von C. G. Jung, Sabina Spielrein und dem Mathematiker und Nobelpreisträger John Nash setzt sich Brian Skea mit dem destruktiven Potential der inneren Begegnung mit dem Selbst auseinander. Es ist eine paradoxe Erkenntnis, dass die Fragmentierung ein Teil der Coniunctio ist und damit ein Teil des Schöpferischen.
Dieses Buch, entstanden durch die nordamerikanische Tagung Jung'scher Analytiker im Jahr nach dem 11. September 2001, ist sehr lesenswert. Es wirkt differenzierend im Sog der Polemisierung, die infolge von Gewalt auftreten kann.

Doris Stopp, Offenburg

Michael B. Buchholz, Günter Gödde (Hrsg.):
Macht und Dynamik des Unbewussten.
Auseinandersetzungen in Philosophie, Medizin und Psychoanalyse. Band I.
Psychosozial-Verlag, Gießen 2005
ISBN 3-89806-363-1, 720 S., geb., € 36,00

In einer Zeit, in der das Unbewusste in der psychoanalytischen Praxis mancherorts schon vom Verschwinden bedroht ist, treten die Herausgeber Michael Buchholz (Göttingen) und Günter Gödde (Berlin) mit einem auf drei

Bände angelegten Buchprojekt hervor, das von der Konzeption geleitet ist, das Unbewusste als das »Zentralmassiv der Psychoanalyse« machtvoll in den Blickpunkt zu rücken und eine breit gefächerte, interdisziplinäre Verständigung zu ermöglichen über das Kernstück »jener Lehre, die das 20. Jahrhundert ideell, kulturell, wissenschaftlich und öffentlich geprägt und beeinflusst hat wie kaum eine andere« (S. 11). Allein schon dafür gebührt den Herausgebern der kollektive Dank sowohl der engeren Fachgemeinschaft wie aller an der Psychoanalyse als wissenschaftlicher Theorie und klinischer Praxis Interessierten.

Der vorliegende erste Band, der Beiträge von Autoren aus psychologisch-psychoanalytischen, philosophischen und anderen kulturwissenschaftlichen Tätigkeitsfeldern versammelt, befasst sich mit der philosophie- und wissenschaftshistorischen Dimension, die der Begriff des Unbewussten durchlaufen und in deren Rahmen er sich entfaltet hat. Das Unbewusste ist, wie man weiß, keine »Erfindung« Freuds. Es begann sich mit Aufbruch der Neuzeit im philosophischen Diskurs bemerkbar zu machen, fand richtungsweisende Bestimmungen in der Epoche der Romantik und der nachidealistischen Philosophie des 19. Jahrhunderts, erfuhr in eben diesem Zeitraum eine »Umbuchung« (Assmann) in Begriffe und Anwendungsformen der Medizin, bis schließlich Freud und die anderen Pioniere der Tiefenpsychologie umfassende Theorien des dynamischen Unbewussten ausarbeiteten, die zum Ausgangspunkt vielfältiger und bis heute anhaltender Entwicklungen wurden.

Der weit gespannte Bogen der Traditionsgeschichte des Unbewussten beginnt mit einer bemerkenswerten Studie über Descartes und Leibniz (*Johannes Oberthür*), die aufzeigt, wie Unbewusstheit, lange bevor sie als seelische Tiefendimension verstanden wurde, sich als »verdrängte Dunkelheit« des Denkens selbst bemerkbar machte, eines die Ich-Gewissheit begründenden Denkens, das seines eigenen Grundes und (zeitlichen) Ausgedehntseins nicht inne werden kann. Der Weg führt weiter über die »unbewusste Karte des Gemüts«, die Kant in seinen anthropologischen Schriften ausbreitet (*Birgit Althans & Jörg Zirfas*) und die uns den im hellen Licht der Vernunft positionierten Denker der Aufklärung als kundigen (Tiefen-)Psychologen menschlicher Leidenschaften und Schwächen nahe bringt. Der erste Gipfel der Ideengeschichte des Unbewussten wird in der deutschen Romantik erreicht, deren hervorragende Gestalten auf literarisch-künstlerischen, naturphilosophischen und medizinischen Gebieten den »Weg in die Tiefe« (*Irma Gleiss*) bahnen, sich der Nachtseite des Seelenlebens zuwenden und dabei theoretische Konzepte hervorbringen, denen eine unmittelbare Vorläuferschaft für spätere wissenschaftliche Psychologie des Unbewussten zugesprochen werden kann. Dies gilt u. a. für das wirkungsgeschichtlich einflussreiche Konzept der »Lebenskraft« (*Stefan Goldmann*). Neben dem Beitrag über Hegels Dialektik (*Stefan Etgeton*), der nur mit außerordentlicher intellektueller Anstrengung eine Verbindung zum Unbewussten abzugewinnen ist, vermisst man an dieser Stelle eine ausführlichere Bezugnahme auf das in die Abgründigkeit der Subjektivität eindringende Denken des späten Schelling, der nicht nur den Begriff des Unbewussten in seiner substantivischen Form erstmals (1800) systematisch einführt, sondern die nachfolgenden großen lebensphilosophischen Entwürfe Schopenhauers (*Matthias Koßler*) und Nietzsches (*Günter Gödde*), die bei der Geburt der Psychoanalyse Pate gestanden haben, nachhaltig inspiriert. Das Kapitel unter der Überschrift »Die Umbuchung des Unbewussten in die Medizin, Psychologie und Psychotherapie« bringt dann Erstaunliches über die unvermutete psychologische Tiefgründigkeit eines G. T. Fechner (*Mai Wegener*) und präsentiert die Konzeption des Unbewussten im Werk des von der Psychoanalyse wenig rezipierten Pierre Janet (*Karl-Ernst Bühler & Gerhard Heim*). Der Beitrag über Magnetismus und Hypnotismus (*Johann Georg Reicheneder*) fällt dagegen etwas ab, weil er den Zusammenhang dieser einflussreichen Strömungen im Vorfeld der Psychoanalyse mit der Ideengeschichte des Unbewussten zu wenig explizit reflektiert. Überhaupt scheint es, als wäre dem, der sich für die Bedeutung des Unbewussten im Kontext der französischen dynamischen Psychiatrie des 19. Jahrhunderts näher interessiert, mit Ellenbergers klassischer Monografie besser geholfen. Im Übergangsfeld zur Psychoanalyse hätte man zudem gerne etwas über die »Philosophie des Unbewussten« von Eduard von Hartmann erfahren, ein Werk, das, gespeist aus romantischen und Schopenhauerschen Quellen, zu damaligen Zeit hohen publizistischen wie wissenschaftlichen Rang einnahm und auf das sich etwa C. G. Jung als Gewährsgrundlage eigenen Denkens beruft.

Der inhaltliche Fortgang des Bandes gelangt zu Freuds zentraler Leistung, der »Entdeckung« und Ausarbeitung eines dynamischen Unbewussten, die von *Günter Gödde* in ihren systematischen Grund- und Traditionslinien kenntnisreich nachgezeichnet wird. Von Freud ausstrahlend, erhält der Leser informativ verfasste Berichte über die Schicksalswege des Unbewussten bei Freuds zeitgenössischen Mitstreitern bzw. den so genannten Dissidenten: Adler (*Almuth Bruder-Bezzel*), Ferenczi (*Karla Hoven-Buchholz*), Rank (*Ludwig Janus & Hans-Jürgen Wirth*). Der mit merklicher intellektueller Distanziertheit geschriebene Beitrag über C. G. Jung *(Martin Liebscher)* verdient hingegen weniger herausgehoben zu werden. Er betreibt eine spezielle Analyse des Archetypenbegriffs unter Rückgriff auf Platon und Schopenhauer und vermittelt bei weitem kein Bild, das Jungs komplexer Vorstellung vom Unbewussten gerecht würde. Das letzte Kapitel des Bandes bietet dem Leser einen Überblick über »Einheit und Gegensätze des Unbewussten in der gegenwärtigen Psychoanalyse«. Ziel der Herausgeber war dabei nicht, eine enzyklopädische Bestandaufnahme neuerer Theorieansätze zu leisten, sondern anhand ausgewählter Stationen und Brennpunkte die Erscheinungs- und Wandlungsformen des Unbewussten von Triebtheorie und Ich-Psychologie über Objektbeziehungstheorie, Selbstpsychologie bis hin zu den interpersonellen und intersubjektivitätstheoretischen Modellen zu rekonstruieren. Vorgestellt werden das Unbewusste in der Triebtheorie (*Siegfried Zepf*), bei Lacan (*Hans-Dieter Gondek*), Kohut (*Hans-Peter Hartmann*), Melanie Klein (*Lilli Gast*), Bion (*Tim Darmstädter*), Bollas *(Karla Hoven-Buchholz)*, schließlich die Perspektive der Intersubjektivität (*Michael Buchholz)* und des »virtuell Anderen« (*Martin Altmeyer*). Der Leser hat hier sowohl den Gewinn wie das Vergnügen, nicht nur über die Pluralität der Interpretationen des Unbewussten als zentralem Topos der Psychoanalyse in Kenntnis gesetzt zu werden. Die Beiträge lesen sich darüber hinaus als kleine gelungene Einführungen in das Werk bedeutender Protagonisten der modernen Psychoanalyse.

Von wenigen Schwachstellen abgesehen, erfüllt der erste Band der von Buchholz & Gödde herausgegebenen Trilogie über das Unbewusste die Ansprüche, die man an ein Buchprojekt dieser Art zu stellen hat. Mit der umfassenden Übersicht über die Ideengeschichte des Unbewussten schließt das Buch eine Lücke in der deutschsprachigen psychoanalytischen Literatur, die man bislang noch gar nicht so recht bemerkt hatte. Die in den vorliegenden Band aufgenommenen Beiträge bewegen sich in fachlich-theoretischer Hinsicht auf überwiegend hohem Niveau, sind dabei verständlich geschrieben und – was bei dem Umfang des Buches nicht ganz nebensächlich ist – unabhängig voneinander zu lesen. Das Buch ist allen auf dem Feld der Psychoanalyse und Psychotherapie Tätigen und Lernenden uneingeschränkt zur Lektüre zu empfehlen.

Band II: *Das Unbewusste in aktuellen Diskursen – Anschlüsse* erscheint im November 2005, Band III : *Das Unbewusste in der Praxis – Erfahrungen verschiedener Professionen* erscheint im Frühjahr 2006. Man darf sich darauf mit guten Gründen freuen.

Roman Lesmeister, Hamburg
Gertrud Hess:
Aus dem Schatten des Vaters. Mein Weg zur Heimat der Seele
Rothenhäusler Verlag, Stäfa 2003
ISBN 3-907817-24-9, € 26,50

Den autobiographischen Aufzeichnungen von Gertrud Hess bin ich zum ersten Mal in Form eines schmalen Heftes mit dem Titel »Schatten zeugen Licht«, Erscheinungsjahr 1997, begegnet. Lebhaft war mir in Erinnerung geblieben, wie die 87-jährige Autorin ihre Privatwohnung aufgelöst hatte und ins Altersheim gezogen war, um dort in Ruhe ihre Lebenserinnerungen zu schreiben.

Wir erstaunt war ich deshalb, als ich im Sommer 2003 darauf hingewiesen wurde, dass die Autobiographie von Frau Hess neu herausgekommen sei. Noch mehr gestaunt hatte ich aber über den Hinweis, dass Frau Hess aus dem Altersheim weg wieder in eine Privatwohnung gezogen war. Unterdessen war diese Autorin immerhin 93 Jahre alt!

Eine ausserordentliche Lebenskraft zusammen mit einer ungezähmten geistigen Eigenständigkeit hat diese Autorin von ihrer ersten Jugend an charakterisiert.

Gertrud Hess wurde als Tochter des Nobelpreisträgers für Medizin, Walter Rudolf Hess, in Zürich geboren. Sie studierte Naturwissenschaften (Botanik, Zoologie und Anthropologie) an der ETH Zürich und in Genf. Sie unterrichtete viele Jahre an der Höheren Töchterschule in Zürich, machte 1941 ihr Doktorat in Biologie. 1968/1978 erschien ihr Buch »Psychologie/Biologie. Zwei Wege in der Erforschung des Lebens«.

Gertrud Hess war eine der ersten Personen, die sich 1948 im neu eröffneten C. G. Jung Institut Zürich eingeschrieben und die Ausbildung absolviert hatte. Hier fand sie endlich Unterstützung in der Beachtung ihres reichen Innenlebens, das sie bis dahin fast ununterbrochen vor feindlichen Angriffen hatte schützen müssen.

1960 eröffnete sie ihre eigene analytische Praxis. Sie entfaltete eine ausgedehnte und umfassende Analyse-, Lehr- und Vortragstätigkeit. Sie war in ihrer geistigen Heimat angelangt, nach der sie so lange gesucht hatte.

Ihre Autobiographie ist die Rückschau auf ihr Leben als Frau, die – zu Beginn des 20. Jahrhunderts geboren – ein reiches Innenleben, eine brillante naturwissenschaftliche Begabung, ein tiefes Verwurzeltsein in der Natur und einen ausgeprägten Willen zur Eigenständigkeit mit auf den Weg bekommen hatte.

Die Autorin zeichnet die Stationen ihres Lebens in kurzen Kapiteln in chronologischer Abfolge auf: »Das Erwachen des Kindes und seine frühen Nöte«, »Die Natur wird Mutter«, »Die Kultur wird Vater«, »Die Psychologie C. G. Jungs«, »Das Freiwerden« lauten die Titel zu diesen Lebens- und Buchabschnitten.

Sowohl auf dem Buch wie im Buch selber sind Zeichnungen der Autorin abgedruckt, in denen sie jeweils ihrer seelischen Befindlichkeit Ausdruck verliehen hatte. Aussagen wie: »Die Ideologie unserer Zeit huldigt der Materie. Auch die naturwissenschaftliche Anschauung tat das. Damit starb das Vertrauen in einen uns tragenden Hintergrund, und das Leben verlor seinen Sinn...« (S.10); »Das Suchen nach dem Sinn meines Lebens war ja einer der Gründe, weshalb ich es unternahm, meine Erinnerungen zu sammeln und zu beschreiben... Ich hoffte, dass ich einmal rückblickend sähe, wie die einzelnen Abschnitte meines Daseins sich ineinander fügen würden zu einem sinnvollen Ganzen« (S.11), drücken aus, was die Autorin antrieb, die grosse Arbeit auf sich zu nehmen und die vielfältigen Abschnitte, Ereignisse und Stationen ihres Lebens im Alter zu sichten und niederzuschreiben.

Für uns AnalytikerInnen von besonderem Interesse sind natürlich die Abschnitte, wo Gertrud Hess über ihre – zum Teil sehr schmerzvollen – Erfahrungen in der eignen Analyse berichtet. Wir bekommen Einblick in den Lehranalysebetrieb zu einer Zeit, als C. G. Jung nicht nur zitiert wurde, sondern als mächtige Bezugsperson am Institut präsent war.

Frau Eliane, die Analytikerin von Gertrud Hess, hatte diese zu C. G. Jung geschickt. Er sollte an ihrer Stelle einen Traum mit ihr besprechen, für den sich die Analytikerin nicht zuständig erklärt hatte. Zur grossen Verwunderung von Gertrud Hess sagte der alte Herr zu ihr, als sie ihm gegenüber sass: »Der Traum, den sie mir sandten, bezieht sich natürlich auf Ihre Analytikerin, denn die Mörderin im Traum ist ja eine Frau. Sie müssen die Analyse bei Frau Eliane sofort abbrechen. Bleiben sie länger, würden sie sich selbst zerstören.« (S. 88)

Für Gertrud Hess bedeutete dies die Befreiung aus einer schwierigen Analysesituation. Wir heute stehen vor einem Stück Urgeschichte der jungianischen Psychologie aus dem Jahre 1957.

Gertrud Hess' Autobiographie beeindruckt mich, weil die Sprache und die Zeichnungen so kongruent mit dem Inhalt sind. Hier schreibt eine Frau, die sich den positivistischen und patriarchalen Zwängen ihrer Zeit widersetzt hat und in Vielem einen Gegenentwurf lebte zum heute üblichen Tempo- und Anpassungsdruck.

Ursula Bez Bühler, Maschwanden

Vorschau

Der Schwerpunkt von Heft **143** (1/2006) wird auf der klinischen Behandlung von Patienten mit strukturellen Störungen liegen. *Gianni Nagliero* (Rom) berichtet über die psychotherapeutische Behandlung einer Jugendlichen mit Anorexia nervosa und reflektiert den Zusammenhang von Magersucht und Perversion. Anstatt sich mit der Enttäuschungsaggression auf seine Mutter auseinanderzusetzen, greift das Mädchen seinen eigenen Körper an; dies versteht Nagliero als ein perverses Beziehungsmuster, das aus dem Verlauf der frühkindlichen Beziehungen resultiert, und das im Verlauf der Behandlung in der Übertragung/Gegenübertragung reinszeniert wird.

Margret Stennes (Berlin) wird ebenfalls über eine Patientin berichten, die ihren Körper angreift; Stennes stellt Zusammenhänge her zwischen dem Gebrauch von Metaphern als einer Möglichkeit, früheste Sinneserfahrungen in mitteilbare Erlebnisse umzuwandeln und den sensorischen Erfahrungen, die Ogden für den autistisch-berührenden Modus in der frühesten Erfahrungen des Säuglings beschrieben hat.

Uwe Langendorf (Berlin) regt in seiner Arbeit über den Masochismus an, jenseits der neurotischen Konfliktlösung ein Grundbedürfnis nach Grenzüberschreitung zu postulieren. Den Mythos »Marsyas und Apoll« versteht er als Urform des masochistischen Selbstopfers, das Parallelen zu orgiastischen archaischen Initiationsriten aufweist. Die Macht des Masochismus wird an einem klinischen Fallbeispiel dargestellt.

Teil 2 des Aufsatzes von *Gottfried Heuer* (London) über Otto Gross (Teil 1 ist in Heft 141/2005 erschienen) wird sich mit den Beiträgen von Gross zur Entwicklung psychoanalytischer Theorie und Praxis befassen.